Noëlle NOEL-LACOUR

LA CUISINE du MIDI

Recettes faciles et bon marché d'hier et d'aujourd'hui

NIMES
C. LACOUR ÉDITEUR
25, bd Amiral Courbet - Place des Carmes

Collection *COLPORTEUR*

1993

SOUPES

Soupe de Chou vert ou Chou-fleur

Conserver l'eau de cuisson d'un chou vert ou d'un chou-fleur.

Couper quelques tranches de pain grillé dans chaque assiette, les parsemer de gruyère râpé et couvrir le tout de bouillon de chou très chaud.

Un petit peu de crème fraîche améliorera cet excellent potage.

Soupe de Légumes

Ingrédients pour 4 personnes :

– 1 oignon
– 2 tomates fraîches ou 2 cuillères de concentré de tomate
– 4 pommes de terre
– 1 carotte
– 1 poireau
– 1 branche de céleri
– 1 gousse d'ail
– sel – poivre

Faire roussir l'oignon dans une cocotte.

Ajouter les tomates fraîches ou le concentré et laisser mijoter quelques minutes.

Couper les légumes en morceaux et les faire revenir dans cette préparation. Saler et poivrer. Couvrir d'un litre et demi d'eau.

Cuire 40 mn. Réduire le temps si c'est en autocuiseur.

Mixer et vous aurez un délicieux potage.

Soupe à l'Œuf

4 personnes

– 2 litres d'eau
– 2 œufs
– 1 gousse d'ail
– 1 feuille de laurier
– 1 clou de girofle
– sel - poivre
– 15 tranches de pain
– 1/2 verre d'huile

Faire bouillir pendant 10 mn 2 litres d'eau avec l'ail piqué du clou de girofle et la feuille de laurier.

Saler.

Couper 15 tranches fines de pain dans la soupière.

Séparer les jaunes d'œufs des blancs et déposer ceux-ci sur les tranches de pain.

Monter en mayonnaise les 2 jaunes d'œufs avec le demi-verre d'huile.

Prendre une louche de bouillon chaud et le délayer avec la mayonnaise.

Mélanger avec le restant de liquide. Ne pas faire bouillir.

Verser sur les tranches de pain.

Au contact du liquide bouillant, le blanc d'œuf se cuit et forme une masse blanche.

Soupe de Montagne

– 2 litres d'eau
– 1 morceau de jambon cru
– 4 pommes de terre
– 1 poireau
– 2 carottes
– 1 branche de céleri
– 1 navet
– 2 ou 3 feuilles de laitue
– 1 feuille de sauge
– 1 gousse d'ail

Dans 2 litres d'eau bouillante, faire cuire pendant 20 mn le jambon cru.

Emincer les légumes à l'exception des pommes de terre que vous mettrez entières.

Cuire 30 à 40 mn.

Briser les pommes de terre à l'aide d'une fourchette.

Porter à ébullition quelques minutes et servir bien chaud.

Soupe de Châtaignes séchées ou bajanat

Soupe typiquement cévenole

– 1 kg de châtaignes séchées ou blanchettes
– 1/4 de l de lait ou crème fraîche (3 cuillères)
– sel, poivre

Mettre les châtaignes séchées dans l'eau chaude pour les nettoyer, c'est-à-dire ôter les peaux intérieures de la châtaigne qui ont pu subsister.

Prendre une marmite – autrefois en terre –, y verser 1 litre d'eau froide et y plonger les châtaignes.

Faire cuire à feu doux jusqu'à ce qu'elles s'écrasent facilement.

Saler et poivrer.

Avant de servir, ajouter le lait ou la crème.

Dans les Cévennes, c'était le lait de chèvre qui était employé.

La cuisson est assez longue. Peut-être pourrez-vous la réduire en autocuiseur ? Je ne vous assure pas de la même saveur.

Eau bouillie améliorée ou Aigo boulido

– 1 l d'eau
– 1 tête d'ail
– 1 feuille de laurier
– huile d'olive
– sel - poivre
– gruyère - crème fraîche
– 1 clou de girofle

Dans un litre d'eau bouillante, ajouter la tête d'ail (gousses épluchées), la feuille de laurier, sel, clou de girofle.

Laisser bouillir 10 à 15 mn.

Retirer la feuille de laurier et le clou de girofle.

Couper quelques tranches de pain (dans des bols à déjeuner individuels) et les arroser d'huile d'olive.

Verser le bouillon brûlant.

Donner un tour de moulin à poivre.

Pour améliorer : avant de verser le bouillon, saupoudrer les tranches de pain de gruyère râpé et ajouter une demi-cuillère à soupe de crème fraîche.

Les lendemains de fête, cette eau bouillie est tout indiquée !! Ne dit-on pas : « L'eau bouillie qui sauve la vie », « L'aigo boulido sauvo la vido » ?

Soupe de Courge

Excellent potage en hiver

4 personnes

– 300 g de courge
– 6 pommes de terre
– 1 blanc de poireau
– 1 oignon
– 1 gousse d'ail
– 1 brin de céleri
– 30 g de beurre
– 50 g de gruyère râpé
– sel - poivre

Facultatif : crème fraîche (2 cuillères à soupe), 1 jaune d'œuf, riz

Dans 2 litres d'eau salée, plonger les légumes coupés grossièrement en morceaux et laisser cuire 40 mn. Ajouter le beurre et mixer le potage. Servir avec le râpé.

Pour améliorer :

– Diluer le jaune d'œuf avec les 2 cuillères à soupe de crème fraîche.
– Mélanger au potage brûlant.
– Une poignée de riz cuit peut être ajoutée.

Soupe de Rave

– 4 petites raves
– 5 pommes de terre
– 1 morceau de petit salé
– 3 cuillères de crème fraîche

Dans un litre d'eau salée bouillante, dans laquelle vous aurez ajouté un morceau de petit salé, jeter les raves coupées en lamelles et les pommes de terre partagées en deux. Laisser cuire 20 à 30 mn. Briser les pommes de terre avec une fourchette et laisser bouillir encore 2 ou 3 mn. Au dernier moment, la crème fraîche ajoutée renchérira ce potage montagnard.

Mixer ce potage si vous désirez un velouté.

Potage de fanes de Radis ou de Cresson

– 1 paquet de radis où vous aurez réservé les fanes
– 1 gros oignon
– 1 gousse d'ail
– 5 pommes de terre
– 1 brin de céleri
– 2 cuillères à soupe de crème fraîche
– 1 jaune d'œuf
– sel - poivre
– petits croûtons frits

Laver soigneusement les fanes de radis.

Dans 2 litres d'eau bouillante salée, jeter les légumes et laisser cuire une bonne demi-heure. (Si vous utilisez l'autocuiseur, réduisez ce temps.)

Mixer le tout en incorporant au dernier moment le jaune d'œuf délayé avec 2 cuillères à soupe de crème fraîche. Un peu de poivre.

De petits croûtons frits – au beurre – agrémenteront ce délicieux potage.

Soupe de Pois chiches

Autrefois cette soupe était souvent au menu du vendredi

– 500 g de pois chiches
– 6 pommes de terre
– 1 gousse d'ail
– 1 clou de girofle
– 1 feuille de laurier
– 1 bon morceau de petit salé
– sel - poivire

Si vous n'utilisez pas des pois chiches en boîte, vous devez les faire tremper toute la nuit dans de l'eau froide additionnée d'une cuillère à café de bicarbonate.

Bien les sécher le lendemain et les passer dans du gros sel avant de les faire cuire dans 2 litres d'eau froide (1 h de cuisson au moins).

A ébullition, ajouter le morceau de petit salé et la feuille de laurier.

A mi-cuisson, adjoindre l'ail piqué du clou de girofle, les pommes de terre coupées en petits dés, un peu de sel (car le petit salé complète) et poivre.

Servir bien chaud.

Vous pouvez prélever pois chiches et pommes de terre que vous mangerez en salade (pointe d'ail et huile d'olive agrémenteront la préparation).

Soupe au Curry

4 personnes

– 1,5 l d'eau
– 1 cuillère à soupe de vermicelle par personne
– 1 gros oignon
– 1 ail écrasé
– 1 cuillère à soupe de concentré de tomate
– 2 cuillères à soupe de curry
– sel – poivre
– 3 cuillères d'huile

Faire roussir dans une casserole un gros oignon coupé en petits morceaux (3 cuillères d'huile).

Ajouter la bonne cuillère de concentré de tomate, l'ail écrasé, sel, poivre et les 2 cuillères de curry.

Laisser mijoter quelques minutes.

Couvrir d'eau bouillante (1,5 l).

Continuer la cuisson 1 bon quart d'heure à feu doux.

Passer le tout et jeter 1 cuillère de vermicelle par personne dans le liquide obtenu. Laisser gonfler. Servir bien chaud.

Soupe à l'Orge perlé

Une soupe oubliée qui sera bien agréable en hiver

4 personnes

– 8 cuillères à soupe d'orge perlé
– 3 poignées de haricots secs ou en boîte
– 1 bon morceau de jambon cru
– sel - poivre
– crème fraîche (2 cuillères)

Dans 2 litres d'eau froide, jeter les 8 cuillères à soupe d'orge perlé.

La cuisson est assez longue. Respecter les indications données sur la boîte d'emballage.

A ébullition, ajouter le morceau de jambon cru.

Si vous employez des haricots secs, après les avoir fait tremper la veille dans de l'eau froide additionnée d'une cuillère à café de bicarbonate, faire bouillir une première fois les haricots pendant 10 mn. Les égoutter et les ajouter à l'orge perlé en pleine ébullition.

Si vous utilisez les haricots blancs en boîte, les ajouter à l'orge perlé déjà cuit.

Vous obtiendrez un excellent potage velouté si vous y délayez les 2 cuillères à soupe de crème fraîche.

Soupe de Pois cassés

Bien hivernal

– 2 litres d'eau
– 200 g de pois cassés
– 5 pommes de terre
– 1 oignon
– 1 blanc de poireau
– 1 gousse d'ail
– 2 cuillères à soupe de crème fraîche
– sel - poivre

Dans 2 litres d'eau froide, mettre les pois cassés, les pommes de terre, l'oignon, le blanc de poireau, la gousse d'ail, sel, poivre.

Après ébullition, cuire 45 mn et mixer.

Ajouter les 2 cuillères à soupe de crème fraîche.

Des petits croûtons frits pourront être servis avec le potage.

Soupe à la Reine

- pâtes à potage
– 1 œuf
– 50 g de beurre
– 50 g de gruyère râpé
– sel - un peu de poivre

Dans un litre d'eau bouillante salée, jeter une cuillère à soupe de pâtes par personne. Attendre l'ébullition, arrêter le feu et laisser gonfler les pâtes.

Prendre un petit saladier ; casser l'œuf, ajouter le beurre – préalablement ramolli –, le gruyère râpé et réduire le tout en pommade. Diluer cette préparation avec quelques cuillères de soupe chaude et mélanger le tout au restant de potage. Eviter de faire bouillir pour réchauffer. Un soupçon de poivre.

Potage à la Tomate

– 1 kg de tomates
– 1 oignon
– 1 gousse d'ail piquée d'un clou de girofle
– 100 g de crevettes
– 2 cuillères de crème fraîche
– Croûtons frits

Faire revenir doucement l'oignon dans 2 cuillères à soupe d'huile. Ajouter les tomates – préalablement pelées –, la gousse d'ail piquée du clou de girofle et la feuille de laurier. Laisser cuire 25 mn. Oter la feuille de laurier, le clou de girofle et mixer le tout.

Préparer une sauce béchamel un peu épaisse (1 cuillère à soupe de beurre, une cuillère de farine, un verre et demi de lait).

Mélanger les deux préparations, les crevettes cuites et amener doucement à ébullition.

Deux cuillères à soupe de crème fraîche feront de ce potage un velouté très agréable.

Servir avec des croûtons frits.

Soupe à l'ancienne originale

4 personnes

– 100 g de vermicelle
– 1 cuillère de vinaigre de vin
– 3 cuillères d'huile
– 1,5 l d'eau
– sel

Mettre 3 cuillères à soupe d'huile dans une casserole.
Laisser chauffer et verser les 100 g de vermicelle.
Remuer souvent afin que le vermicelle prenne couleur.
Ajouter la cuillère à soupe de vinaigre de vin.
L'eau bouillante salée (1,5 l) recouvrira le tout.
Après 5 mn d'ébullition, arrêter la cuisson.
Servir bien chaud.

Soupe de pointes d'Orties

Elle ressemble étrangement à la soupe de radis. Elle ne peut se faire qu'au printemps, étant donné que ce sont les toutes premières pousses qui sont utilisées. Un poireau est à ajouter. Suivre les mêmes indications que pour le potage(page 15.)

ENTRÉES

Chevretons poêlés

Couper les chevretons en deux.

Trois assiettes contiendront : la farine, l'œuf battu (salé et poivré) et la chapelure.

Dans l'ordre, fariner, tremper dans l'œuf battu et la chapelure les demi-chevretons.

Faire frire les chevretons assez rapidement et les servir sur une salade assaisonnée.

Compter un chevreton par personne.

Des petites tomates cerises donneront de la couleur au plat.

Chevretons concoulois

– 1 par personne
– pain de campagne

Une tranche de pain de campagne que vous ferez frire d'un seul côté. Vous disposerez le fromage de chèvre sur la partie non grillée. Partagez le chevreton si celui-ci est trop épais.

Au préalable, vous aurez fait macérer l'ail écrasé, la feuille de laurier émiettée, une brindille de thym, sel et poivre dans 2 cuillères à soupe d'huile d'olive. Vous mettez cette préparation sur le chevreton (coupé ou entier) une demi-heure avant de passer les canapés à four moyen 15 mn. Veiller à ce que le fromage soit chaud et tendre.

Servir sur un lit de salade verte assaisonnée.

Steak de gruyère

Dans un morceau épais de gruyère, découper des tranches épaisses (10 cm x 8 cm de 1 cm d'épaisseur).

Procéder de la façon suivante :

1) Badigeonner de moutarde les deux faces du steak.

2) Tremper celui-ci dans un œuf battu, salé et poivré.

3) La chapelure de pain terminera l'opération.

Prendre une poêle anti-adhésive : faire frire assez vite le steak (avec un peu d'huile) et servir aussitôt.

Une entrée très confortable.

Canapés ardiégeois

Prendre un gros pain et couper des tranches de 1 cm d'épaisseur.

La moelle de veau ou de bœuf sera étalée sur lesdites tranches. Saler et poivrer (assez de générosité pour le poivre) et placer sous le gril quelques minutes de manière que le pain grille et que la moelle soit prête à tartiner.

Manger immédiatement, cette entrée n'attend pas.

Salade pot-au-feu

Économique

– Un restant de pot-au-feu
– 4 pommes de terre
– 1 oignon nouveau
– 2 cuillères de champignon au vinaigre
– ail - persil - sel - poivre
– vinaigrette

Couper en petits morceaux la viande restant du pot-au-feu (bœuf, veau, mouton) et les disposer au centre.

Ranger tout autour du plat les pommes de terre bouillies, découpées en rondelles.

Les champignons au vinaigre.

L'oignon nouveau émincé.

Préparer une vinaigrette avec de la moutarde, un peu relevée.

Y incorporer l'ail et le persil.

Saler et poivre.

Arroser le plat de cette préparation.

Cake aux jambon et olives

– 3 œufs
– 200 g de jambon
–100 g d'olives vertes
– 100 g de beurre
– 1 tasse de lait
– 1/2 sachet de levure chimique
– sel - poivre

Mixer les 200 g de jambon.

Couper les olives vertes dénoyautées.

Ramollir le beurre.

Prendre un saladier.

Couper les 3 œufs. Saler, poivrer.

Battre en omelette.

Ajouter la farine, le beurre fondu, la levure, le lait.

Remuer.

Incorporer le jambon et les olives.

Verser le tout dans un moule à cake beurrée et cuire 45 mn (th. 6 - 180°).

Une bonne salade relevée accompagnera ce cake.

Oignons cuits en salade

Une entrée originale

– 1 kg d'oignons
– sauce vinaigrette relevée

Mettre les oignons en robe (sans les éplucher) dans un plat allant au four.

Compter 25 à 30 mn de cuisson.

Eplucher les oignons à l'aide d'un couteau pointu pour effeuiller les couches successives de peau.

Préparer une vinaigrette bien relevée et couper les oignons en tranches.

Pâté forestier maison

– 1 paquet de pâte feuilletée
– 400 g de mousse de canard
– 500 g de jambon cuit (un fond)
– 1 œuf
– 2 cuillères à soupe de cèpes hachés (ou autres champignons)
– sel - poivre
– gelée Maggi (si vous n'avez pas le temps de la faire)
– 2 cuillères à soupe de crème fraîche

Mixer le jambon cuit.

Mélanger la mousse, le jambon, l'œuf, les champignons, la crème. Poivrer, saler (légèrement).

Prendre un moule à cake. Le chemiser de pâte feuilletée.

Y déposer la farce.

Faire cuire au bain-marie (salé) à four moyen 45 mn.

Couler la gelée après refroidissement du pâté.

Faire la préparation la veille de préférence.

Fromage de tête de porc

Économique

– 1/2 tête de porc
– 1 jarret de porc
– bouquet garni
– sel - poivre

Dans une grande casserole, mettre la demi-tête de porc (coupée si nécessaire), le jarret de porc, et couvrir d'eau largement.

Ajouter 1 poireau, 2 carottes, 1 oignon entier, 1 gousse d'ail, du thym, 1 feuille de laurier. Saler, poivrer.

Laisser cuire au moins 2 h 1/2 (sauf si vous employez un autocuiseur). Il faut que la viande se détache bien des os.

La mettre dans un plat.

Passer le bouillon, en enlevant la garniture, de façon à ce qu'il recouvre la viande.

Laisser refroidir.

Retourner sur un plat.

A consommer assez rapidement. Tenir au frais.

Tarte aux pélardons cévenols

6 personnes

– 300 g de pâte brisée
– 200 g de fromage de chèvre frais
– 60 g de gruyère râpé
– 4 œufs
– 20 cl de crème fraîche épaisse
– sel - poivre

Foncer un moule à tarte de pâte brisée.

Dans une terrine, casser les œufs, les battre en omelette.

Ecraser les fromages frais.

Incorporer les 20 cl de crème fraîche épaisse, les 60 g de gruyère râpé, saler et poivrer.

Mélanger le tout aux œufs.

Recouvrir avec la garniture, parsemer de petits dés de beurre et enfourner 45 mn (th. 6 - 180°).

Flougnarde ardéchoise

– 2 œufs
– 3 cuillères à soupe de farine
– 1 verre de lait
– sel

Dans un saladier, casser les 2 œufs. Les battre légèrement, incorporer la farine, le verre de lait et le sel.

Bien amalgamer le tout, et dans une poêle anti-adhésive légèrement huilée ou beurrée faire cuire la préparation.

Cette omelette s'accorde très bien avec une bonne salade des champs.

Saucisson cuit au gruyère

4 personnes

– saucisson cuit
– gruyère râpé

Prendre 2 tranches de saucisson cuit par personne.
Saupoudrer chaque tranche de gruyère râpé.
Mettre dans un plat à gratin et les passer sous le gril.
Cette simple recette sera accompagnée d'une bonne salade verte.

Pavés aux cèpes

3 à 4 personnes

– 50 g de beurre
– 2 cuillères à soupe de farine
– 4 dl de lait
– 300 g de cèpes
– 1 poignée de mie de pain fraîche
– 1 œuf
– 3 cuillères à soupe de chapelure

Préparer une sauce béchamel épaisse avec 50 g de beurre - 2 cuillères à soupe de farine - 4 dl de lait. Au dernier moment, ajouter la mie de pain émiettée. Saler.

Passer les champignons à la poêle dans un peu de beurre ou d'huile. Les hâcher grossièrement. Saler.

Mélanger à la sauce béchamel et verser dans un plat rectangulaire huilé.

Laisser refroidir.

Découper des pavés de 4 à 5 cm de diamètre (1 cm 1/2 d'épaisseur).

Passer successivement ces pavés dans l'œuf battu salé et poivré et dans la chapelure.

Plonger dans de la friture chaude.

Sortir les pavés en les mettant sur du papier absorbant

Servir immédiatement ou maintenir au chaud dans le plat de service.

Selon le nombre de convives, doubler les proportions, ces pavés plairont à vos invités.

Des cèpes secs ou frais peuvent être employés.

Les champignons ne donneront pas le même parfum.

Flan au jambon

– 150 g de jambon
– 6 œufs
– 2 cuillères à soupe de crème de riz
– 1 litre 1/2 de lait
– 20 g de beurre
– sel - poivre

Casser les œufs dans une terrine.

Additionner doucement de 2 cuillères à soupe de crème de riz.

Bien mélanger.

Allonger la préparation d'un litre et demi de lait bouilli et refroidi.

Saler et poivrer.

Ajouter 150 g de jambon cuit maigre divisé en très petits carrés.

Beurrer un moule à flan, verser la préparation, parsemer la surface de coquilles de beurre frais et faire cuire à four moyen pendant 25 mn au bain-marie salé.

Laisser bien refroidir après cuisson.

Démouler, couper en triangles dressés sur des feuilles de laitue arrosées de jus de citron.

Tourte à la viande

– 500 g de pâte brisée
– 500 g de porc
– 600 g de veau
– 1 jaune d'œuf
– 1 petit pot de crème
– sel - poivre

La veille, faire mariner les deux viandes, coupées très grossièrement, avec 2 verres de vin rouge, carotte, oignon, ail, bouquet garni.

Etaler la pâte brisée dans un moule à tarte. (Réserver la partie de pâte qui doit recouvrir la tourte.)

Bien essuyer les viandes, les disposer sur la pâte. Saler et poivrer.

Ajouter le couvercle de la tourte en prenant soin de bien réunir les 2 pâtes.

Dorer au lait ou à l'œuf.

Faire une cheminée au centre de la tourte, par laquelle à mi-cuisson vous coulerez le pot de crème dans lequel vous aurez délayé le jaune d'œuf.

Laisser cuire 1 h à four moyen.

Œufs pochés sur fonds d'artichauts

4 personnes

– 4 fonds d'artichauts surgelés ou en boîte
– 4 œufs
– 1 cuillère à soupe de vinaigre
– 20 g de beurre

Si vous utilisez des fonds d'artichauts surgelés, faites-les cuire en suivant la notice. En boîte, cela ne se pose pas.

Pocher les œufs à l'eau bouillante vinaigrée et salée.

– Les égoutter au bout de 3 minutes.

– Mettre les 20 g de beurre dans la poêle et faire dorer les fonds d'artichauts.

Saler.

Déposer un œuf sur chaque fond d'artichaut.

Servir à volonté avec la sauce Ivetot (page 207) ou la sauce maigre (page 204).

Tourte au jambon

6 personnes

– 500 g de pâte brisée
– 600 g de jambon cuit
– 1 jaune d'œuf
– 1 pot de crème de 20 cl
– 1 boîte de champignons de Paris
– 100 g d'olives vertes dénoyautées
– sel - poivre

Hacher finement le jambon cuit.

Dans une terrine, mélanger le jambon, le jaune d'œuf, le pot de crème, la boîte de champignons de Paris, les olives dénoyautées.

Saler et poivrer.

Prendre un moule à tarte.

Etaler la pâte. (Réserver la partie de pâte qui recouvrira la tourte.)

Remplir le moule de la préparation en l'étalant bien et mettre le couvercle en soudant bien les bords.

Dorer à l'œuf ou au lait.

Ne pas oublier de faire la cheminée.

Cuire 1 h à four moyen.

Tarte aux pommes de terre et fromage

– 500 g de pâte feuilletée
– 800 g de pommes de terre
– 200 g de fromage (Chaumes, Reblochon, Gruyère, etc.)
– sel - poivre

Etaler la pâte feuilletée et foncer un moule à tarte.

Mettre au four. Précuire 5 mn en ayant soin de piquer la pâte ou la recouvrir de légumes secs (th. 7 – 210°). Sortir du four.

Cuire les pommes de terre avec la peau et les couper en rondelles.

Etaler les pommes de terre sur la tarte. Saler et poivrer légèrement.

Recouvrir de fromage coupé en lamelles.

Remettre à four moyen 20 mn.

Une salade verte accompagnera ce plat complet pour le soir.

Croquettes au jambon

– Sauce béchamel (voir page 203)
– 50 g de gruyère râpé
– 200 g de jambon cuit
– farine - œuf - chapelure

Hacher finement le jambon cuit.

Incorporer les 50 g de gruyère râpé à la sauce béchamel chaude et épaisse.

Attendre le refroidissement complet pour ajouter le jambon cuit haché.

Diviser cette préparation en croquettes.

Rouler celles-ci, successivement, dans la farine, l'œuf battu, salé et poivré, et la chapelure.

Plonger dans de la friture chaude.

Sortir les croquettes en les mettant sur du papier absorbant.

Ces croquettes se mangeront en plat principal avec une bonne sauce tomate relevée.

Préparées la veille, ces croquettes seront plus faciles à rouler.

LÉGUMES

Mousse de Courgettes

Très fin

– 1,5 kg de courgettes
– 50 g de gruyère râpé
– 200 g de crème fraîche épaisse
– sel - poivre
– 2 gousses d'ail
– 40 g de beurre

Eplucher les courgettes, les couper en dés, et les cuire à la vapeur 10 mn.

Les passer au moulin à légumes.

Mettre dans une casserole et faire évaporer l'eau contenue dans les courgettes (tout en remuant). Saler, poivrer. Presser les 2 gousses d'ail.

Ajouter les 50 g de gruyère et le beurre.

Bien mélanger.

Monter en chantilly les 200 g de crème fraîche.

Incorporer délicatement purée de courgettes et crème chantilly.

Servir chaud. Ne pas faire bouillir cette préparation.

Gratin de purée de pommes de terre aux saucisses

– 1 kg de pommes de terre
– 2 œufs
– 1 pot de crème 25 cl
– 50 g de beurre + 20 g
– 30 g de gruyère râpé
– sel - poivre - lait
– 400 g de saucisses de porc

Faire cuire les pommes de terre avec la peau.

Les éplucher et les passer à la moulinette.

Travailler la purée avec la crème fraîche et les 50 g de beurre.

Ajouter le gruyère râpé.

Saler et poivrer légèrement.

Si la purée est trop épaisse, la détendre avec un peu de lait.

Battre les 2 œufs en omelette et les joindre à la purée.

Mettre dans un plat à gratin.

Faire frire la saucisse en portions.

A mi-cuisson, disposer les portions de saucisse dur le gratin.

Les recouvrir de leur jus de cuisson et faire gratiner à four chaud trente minutes.

Champignons en pâte

Tous les champignons peuvent être employés.

Faire une pâte à beignets (voir recette page 184).

Couper les champignons en tranches et les faire blanchir 5 mn. Saler.

Après refroidissement, tremper les tranches de champignons dans la pâte à beignets.

Faire frire à la poêle.

Déposer sur du papier absorbant.

Les petites têtes de champignons ne seront pas coupées.

Tomates farcies

– 8 belles tomates
– 350 g de chair à saucisse
– 100 g de mie de pain trempée dans du lait
– 1 œuf
– ail - persil - sel - poivre du moulin

Essuyer les tomates. Couper un chapeau, enlever la pulpe et les graines sans abîmer la peau.

Ranger les tomates dans un plat allant au four. Les piquer avec la pointe d'un couteau et les mettre à cuire à feu doux une dizaine de minutes.

Préparer la farce. Amalgamer chair à saucisse – mie de pain – œuf – ail – persil – sel et poivre du moulin.

Faire revenir le tout à la poêle avec 1 cuillère d'huile.

Remplir les tomates avec la farce.

Les saupoudrer de chapelure et les arroser d'un filet d'huile.

Les chapeaux seront mis autour du plat.

Cuire 20 mn à four très chaud.

Autre possibilité : aux herbes.

Réduire un peu la chair à saucisse (facultatif).

Ajouter 2 poignées d'épinard haché et les ingrédients cités plus haut.

Remplir les tomates avec la nouvelle farce.

Ragoût olivade

– 300 g d'olives vertes
– 30 g de beurre
– 1 verre de vin blanc
– 1/2 verre d'eau
– 1 tablette de pot-au-feu
– 1 cuillère à café de ciboulette et persil
– 1 anchois pilé
– 1 cuillère à soupe d'huile d'olive
– 1 cuillère à soupe de câpres
– 1 cuillère à café de farine

Faire revenir dans un peu d'huile la ciboulette et le persil haché.

Ajouter le vin blanc et le demi-verre d'eau où la tablette de pot-au-feu aura été diluée.

Faire mijoter quelques minutes et ajouter les olives vertes dénoyautées.

Joindre la cuillère de farine maniée avec le beurre qui liera la sauce.

L'anchois pilé, dans la cuillère d'huile d'olive, et la cuillère à soupe de câpres compléteront la préparation.

Ratatouille provençale

– 750 g de tomates
– 500 g d'aubergines
– 500 g de courgettes
– 100 g de poivrons verts
– 1 cuillère à soupe de concentré de tomates
– sel - poivre - laurier - thym
– huile d'olive

Eplucher les légumes. Couper les aubergines et les courgettes en rondelles, les tomates en morceaux, les poivrons en lanières.

Prendre une poêle anti-adhésive, y couler 3 cuillères d'huile d'olive et faire revenir les aubergines à la couleur dorée. Ajouter ail et persil, sel.

Les verser en attente dans une cocotte.

Procéder de la même façon pour les courgettes. Les mettre en couche sur les aubergines.

Les poivrons frits formeront une autre couche.

Les tomates – passées au préalable à la poêle – couvriront les différentes couches de légumes.

Écraser 2 gousses d'ail, une persillade, la feuille de laurier, 2 brins de thym, la cuillère de concentré de tomates.

Laisser cuire encore 30 mn tout doucement et à couvert.

Aubergines Juliette

Facile

4 personnes
– 4 belles aubergines
– 2 œufs entiers
– sel - poivre

Peler les aubergines et les couper en tranches fines.

Battre les œufs entiers dans une assiette (ajouter une goutte d'eau). Saler et poivrer.

Prendre une tranche d'aubergine, la passer dans les œufs battus (les 2 faces) et la faire frire à la poêle.

Ce légume peut très bien accompagner un rôti.

Haricots verts aux œufs

4 personnes

– 1 kg de haricots verts très fins
– 2 œufs (le jaune seulement)
– 150 g de petit salé fumé
– 3 cuillères de crème épaisse
– 50 g de gruyère râpé
– sel - poivre

Faire cuire les haricots verts très fins (frais) 20 mn. Si vous devez les cuire à l'autocuiseur, vous réduirez le temps de cuisson. Vous pouvez employer des haricots très fins surgelés.

Couper en fins morceaux le petit salé fumé.

Dans une poêle, avec un peu d'eau au fond, faire revenir le petit salé fumé.

A évaporation de l'eau, ajouter une cuillère de crème fraîche. Arrêter la cuisson.

Battre les jaunes d'œufs dans un saladier avec le restant de crème fraîche et la moitié du gruyère râpé. Incorporer la préparation du petit salé.

Réchauffer le tout – sans faire bouillir – et verser le contenu sur les haricots qui auront été conservés au chaud. Saupoudrer avec le restant de gruyère.

Gâteau d'aubergines

4 personnes

– 750 g d'aubergines
– 250 g de chair à saucisse
– 3 œufs
– 3 cuillères à soupe de crème épaisse
– 1 cuillère de farine
– sel - poivre

Éplucher les aubergines.

Faire dégorger les aubergines à l'eau salée pendant 1 h.

Bien les sécher et les faire cuire à l'étouffée dans une poêle anti-adhésive avec une cuillère d'huile d'olive.

Ajouter l'ail, le persil, le sel, le poivre et la chair à saucisse.

Lorsque le tout est bien revenu, saupoudrer l'ensemble d'une bonne cuillère à soupe de farine. Bien amalgamer les ingrédients et arrêter la cuisson.

Dans un saladier, battre les 3 œufs entiers et les 3 cuillères de crème fraîche. Saler et poivrer.

Mélanger les deux préparations et verser dans un moule à charlotte préalablement beurré.

Faire cuire à four moyen 40 mn dans un bain-marie salé.

Une sauce tomate aromatisée accompagnera ce gâteau.

Fonds d'artichauts en ragoût

Facile

4 personnes

– 12 fonds d'artichaut (surgelés)
– 2 dl de vin blanc
– 1 belle tomate
– 1 bouquet d'oseille
– 200 g de petit salé
– 1 oignon
– 1 gousse d'ail - persil
– sel - poivre
– beurre

Couper le petit salé en petits morceaux.

Éplucher et hacher l'oignon.

Mettre le tout à revenir dans une cocotte avec une cuillère d'huile d'olive ou de beurre.

Ajouter les fonds d'artichauts, le bouquet d'oseille, l'ail, le persil. Saler et poivrer (Le poivre au moulin est conseillé), et la tomate.

Mouiller avec le vin blanc et laisser cuire doucement 30 mn.

Ragoût d'olives cassées

– 350 g d'olives cassées
– 100 g de petit salé
– 1 oignon
– 1 pomme de terre
– 1 carotte
– 1 blanc de poireau
– 1/2 céleri rave
– 1 petit verre d'eau
– sel - poivre

Couper le petit salé et l'oignon en petits morceaux et faire revenir dans une cocotte.

Tous les légumes seront coupés très petits.

Ajouter ceux-ci au petit salé et oignon. Bien laisser prendre couleur, en remuant très souvent.

Légèrement saler à cause des olives et poivrer.

Faire blanchir les olives cassées. (On peut utiliser des olives dénoyautées, mais le ragoût n'aura pas la même saveur.)

Bien les égoutter et les mettre à cuire avec tous les légumes tout doucement pendant 3/4 h.

Compléter par un verre d'eau chaude.

Côte de blette rôtie

Économique

4 personnes

– 1 kg de côte de blette
– 2 cuillères à soupe de farine ou de fécule de pomme de terre
– 1 jus de citron
– ail - persil
– sel - poivre

Bien nettoyer les côtes en enlevant les parties filandreuses et les couper en bâtonnets de 4 à 5 cm de longuer. Ajouter un jus de citron dans l'eau de rinçage.

Cuire près d'une heure dans une eau additionnée d'une cuillère à café de farine et salée.

Sécher les côtes.

Les passer une par une dans la farine ou la fécule.

Prendre une poêle et faire frire jusqu'à la couleur doré.

Saupoudrer d'ail et de persil en remuant une dernière fois et donner un bon tour de moulin à poivre.

Galette de pommes de terre

– 1 kg de pommes de terre
– 25 g de gruyère râpé
– 2 cuillère à soupe d'huile
– 50 g de beurre
– sel - poivre

Eplucher les pommes de terre, les râper en se servant d'une râpe à légumes à gros trous.

Faire chauffer la moitié de l'huile et du beurre dans une poêle anti-adhésive.

Étaler une première couche de pommes de terre.

Saupoudrer celle-ci de gruyère râpé. Saler et poivrer.

Recouvrir du restant de pommes de terre.

Faire cuire sur feux doux 15 mn.

Retourner sur un plat.

Mettre le restant d'huile et de beurre dans la poêle et faire dorer l'autre face de la galette.

Une salade verte accompagnera cette galette dorée et terminera un bon repas du soir.

Crêpes de pommes de terre

6 personnes

– 1 kg de pommes de terre
– 1/2 litre de lait
– 150 g de farine
– 7 œufs
– 10 cuillères d'huile

Faire cuire à l'eau salée les pommes de terre épluchées 20 mn.

Les réduire en purée et la travailler avec le demi-litre de lait chaud.

Laisser refroidir. Mélanger la farine et incorporer les œufs entiers un par un.

La pâte doit avoir une consistance légèrement fluide et doit reposer 1 h.

Dans une poêle, verser 10 cuillères d'huile. Lorsqu'elle est chaude, former des petites crêpes de 10 cm de diamètre à l'aide d'une petite louche.

Sitôt dorées, retourner à la spatule, laisser dorer l'autre face.

Ces mini-crêpes accompagneront agréablement vos rôtis de bœuf ou mouton (gigot, épaule ou selle).

Carottes à la grecque

– 500 g de carottes nouvelles
– 1 dl d'huile d'olive
– 2 dl de vin blanc
– 1 citron
– 1 branche de thym
– 1 feuille de laurier
– 15 grains de poivre
– 24 grains de coriandre
– un peu de sel

Gratter les carottes nouvelles et les mettre dans une casserole sur feux doux, avec l'huile d'olive, le vin blanc, le thym, le laurier, les grains de poivre et de coriandre. Saler légèrement. 2 rondelles de citron, sans zeste et épépinées.

Couvrir et laisser cuire une heure en ayant soin d'agiter de temps à autre la casserole.

Laisser refroidir et servir très frais.

Ces carottes remplaceront les sempiternelles carottes râpées.

Cette préparation se conservera au réfrigérateur.

Les courgettes, les haricots verts, les champignons peuvent subir la même préparation.

Pain d'aubergines

– 8 aubergines
– 3 échalotes
– 3 œufs
– thym – laurier – ail – persil
– sel – poivre
– 4 cuillères d'huile d'olive
– 1 cuillère de crème fraîche

Peler 8 aubergines, les couper en tranches, saler et laisser dégorger.

Chauffer 4 cuillères d'huile d'olive dans une cocotte, y déposer les aubergines égouttées et séchées.

Saler légèrement et poivrer.

Ajouter 2 gousses d'ail, les 3 échalotes, le thym et la feuille de laurier.

Couvrir et laisser cuire 20 bonnes minutes.

Passer au tamis.

Battre les 3 œufs en omelette avec la cuillère de crème fraîche.

Mélanger aux aubergines.

Verser le tout dans un moule à charlotte beurré.

Faire cuire au four, au bain-marie salé, 25 mn. Le pain doit rester moelleux.

Démouler avec précaution sur un plat rond.

Napper d'un bon coulis de tomates bien aromatisé.

Petit ragoût printanier

– 1 tranche épaisse de petit salé fumé
– 1 pomme de terre
– 1 courgette
– 1 oignon
– 2 tomates fraîches
– 1 carotte
– quelques feuilles d'oseille
– ail – persil
– champignons au vinaigre
– 1 verre de vin blanc
– huile d'olive
– sel – poivre

Couper le petit salé en petits morceaux.

Le passer à la poêle.

Séparément, faire revenir à la poêle anti-adhésive (à l'huile d'olive) la courgette, la carotte, la pomme de terre, l'oignon avec les 2 tomates fraîches, le tout coupé en morceaux assez gros, genre bâtonnets.

Mettre dans un faitout.

Superposer les légumes.

Couper menu les feuilles d'oseille, le persil et l'ail. Saler et poivrer.

Ajouter un verre de vin blanc sec.

Laisser mijoter 30 mn.

Les champignons au vinaigre termineront la recette.

Continuer la cuisson à feu doux encore 10 mn.

Flèque « Marie »

Facile et économique

– 1 kg de pommes de terre
– 150 g de petit salé
– 1 feuille de laurier
– 1 gousse d'ail piquée d'un clou de girofle
– sel - poivre
– eau

Prendre de préférence un ustensile en terre cuite.

Couper les pommes de terre en lamelles, le petit salé en morceaux.

Mettre les deux ingrédients dans la casserole.

Recouvrir d'eau chaude.

Ajouter l'ail piqué du clou de girofle, la feuille de laurier, le sel et le poivre du moulin.

Cuire environ 25 mn à feu moyen.

Ce plat se prépare surtout en hiver.

Épinards en sauce

–1 kg d'épinards

– sauce béchamel

– 2 cuillères à soupe de râpé

– 2 cuillères de crème fraîche

– sel - poivre - ail - persil

Enlever les queues des épinards et les laver à plusieurs eaux.

Les cuire à l'eau bouillante salée 7 mn.

Les égoutter et les mixer.

Préparer la sauce béchamel (voir page 203) en ayant soin d'avoir fait revenir la gousse d'ail et le persil avant de commencer la sauce béchamel.

Ajouter les épinards et le râpé. Cuire 5 mn.

En dernier lieu, les 5 cuillères de crème fraîche complèteront la préparation.

Ce plat peut être servi avec des croûtons frits au beurre, des rondelles d'œufs durs, ou mieux :

3 bonnes poignées de cocktail de fruits de mer ajoutées à cette sauce satisferont votre palais.

Cardons aux anchois

Rapide

– 1 cardon bien blanc
– 100 g de petit salé
– 1 oignon
– 1 gousse d'ail - persil
– 2 anchois
– 1 verre d'eau
– 1 cuillère à soupe de farine
– 2 cuillères d'huile
– sel - poivre

Déposer 2 cuillères d'huile dans un autocuiseur.

Couper l'oignon et le petit salé en petits morceaux.

Faire revenir.

Enlever les arêtes des anchois, les rincer à l'eau froide et les ajouter aux oignons et petit salé.

Remuer pour bien les faire fondre.

Le cardon, nettoyé et coupé en bâtonnets, sera ajouté à la préparation.

Saler légèrement, poivrer, ail et persil coupés menu.

Sur feu assez vif, faire bien revenir le cardon.

Diluer la farine dans le verre d'eau froide et le jeter sur la préparation.

Fermer la cocotte et faire cuire 15 mn.

Bâtonnets de poireaux

– 1 kg de poireaux
– 1 œuf
– 2 cuillères à soupe de farine
– chapelure
– huile pour friture
– sel - poivre du moulin

Ne prendre que les parties blanches du poireau.

Les faire cuire à l'eau bouillante salée (en autocuiseur, 8 mn).

Les égoutter et les éponger avec du papier absorbant.

Faire des bâtonnets de 7 à 8 cm.

Passer les poireaux successivement dans la farine, l'œuf battu salé et poivré, et la chapelure.

Chauffer l'huile dans la poêle.

Dorer les bâtonnets panés au fur et à mesure.

Ce plat accompagnera les volailles ou les viandes blanches, mais constituera aussi une entrée.

Ou encore :

Le poireaux allongés sur un plat long pourront être recouverts de la sauce Yvetot (p. 207) et feront une excellente entrée.

Chou vert en ballotine

– 1 gros chou
– 1 saucisson de Morteau
– 200 g de chair à saucisse
– 1 oignon
– 1 tomate
– huile
– ail - persil - sel - poivre
– crépine

Nettoyer le chou, le plonger 10 à 15 mn dans de l'eau bouillante salée. Maintenir une forte ébullition.

Égoutter et, sur un torchon, effeuiller le chou.

Préparation de la farce :

Dans une poêle avec 2 cuillères à soupe d'huile, faire revenir l'oignon et la tomate hachés finement.

Prélever 2 ou 3 feuilles de chou, les couper menu et les ajouter au hachis avec ail, persil. La chair à saucisse terminera la farce.

Bien faire revenir le tout en remuant constamment.

La crépine doit être plongée quelques instants dans l'eau chaude et bien mise à plat.

Poser les feuilles de chou sur la crépine.

Étaler au centre le saucisson de Morteau (préalablement mi-cuit).

Recouvrir de feuilles de chou.

De chaque côté du saucisson, allonger la farce, couvrir de chou.

Former la ballotine et l'entourer de la crépine.

Ficeler comme un rôti.

Dans un plat à gratin, déposer la ballotine avec 1/2 verre d'eau et enfourner à four moyen pendant 30 mn. Il faut que la ballotine soit bien dorée.

Retirer la ficelle et servir chaud, coupée en tranches, décorées de rondelles de citron.

Flan aux courgettes

6 personnes

– 1,5 kg de courgettes
– 6 œufs
– 30 cl de crème fraîche
– 1 bouquet de basilic
– 3 branches de persil
– 2 gousses d'ail
– 2 échalotes
– 30 g de gruyère râpé
– huile d'olive - sel - poivre

Prendre une poêle anti-adhésive.

Couper les 2 échalotes, les faire revenir dans l'huile d'olive avec les courgettes émincées en rondelles.

En fin de cuisson, ajouter les 2 gousses d'ail.

Dans un saladier, battre les 6 œufs, la crème fraîche, le gruyère râpé, le basilic et le persil ciselé. Saler et poivrer.

Mixer les courgettes et les mélanger aux œufs.

Huiler un moule à revêtement anti-adhésif. (Ma préférence va vers un moule à baba.)

Verser la préparation et cuire à four moyen 40 mn, au bain-marie salé.

Démouler après refroidissement.

Servir ce flan tiède ou froid, accompagné d'un coulis de tomates aromatisé au basilic.

Courgettes frites

Rapide

– 4 courgettes moyennes
– 3 cuillères à soupe de farine
– sel - poivre - ail - persil

Éplucher les courgettes, enlever les graines.

Couper les courgettes en dés et les rouler dans la farine salée.

Les faire frire dans l'huile.

Ail et persil parfumeront ce légume un peu fade.

Gratin de légumes

4 personnes

– 150 g de carottes
– 150 g de courgettes
– 150 g de navets
– 500 g de poireaux
– 500 g de cèpes (ou autres champignons)
– 1 gousse d'ail - persil
– huile d'arachide
– sel - poivre
– 25 g de beurre
– sabayon aux herbes

Laver les légumes, les détailler en morceaux de 4 cm de long, et les faire cuire dans un peu d'eau salée avec 25 g de beurre.

Les champignons seront nettoyés et coupés.

Mettre l'huile d'arachide dans la poêle et les faire sauter.

En fin de cuisson, ajouter l'ail et l'échalote hachés ; au dernier moment, le persil.

Égoutter les légumes.

Les disposer dans un plat à gratin, les recouvrir avec les cèpes (ou autres champignons).

Napper le tout avec le sabayon aux herbes (page 200) et faire colorer légèrement au four (th. 8 – 240°).

Chou farci

– 1 chou bien pommé
– 2 litres d'eau bouillante
– 300 g de chair à saucisse
– 150 g de mie de pain trempée dans du lait
– 1 œuf
– 1 oignon
– 1 gousse d'ail - persil - sel - poivre

Blanchir le chou 5 mn à l'eau bouillante.

Le sortir, l'égoutter sur du papier absorbant.

Préparer la farce :

Dans une poêle, avec 2 cuillères d'huile, faire revenir l'oignon. Ajouter la chair à saucisse, la mie de pain, l'ail, le persil, sel et poivre. L'œuf est ajouté en dernier lieu.

Prendre un plat rond allant au four et le huiler.

Superposer feuilles de chou et farce. Tasser légèrement.

Ajouter 1/2 verre d'eau dans lequel vous aurez dilué 1 poule au pot.

Mettre à four chaud 45 mn.

Galette au fromage

4 personnes

– 1,5 kg de pommes de terre
– 200 g de comté râpé
– sel - poivre - muscade
– 2 cuillères à soupe de beurre
– 2 cuillères d'huile

Éplucher les pommes de terre, les couper en fines rondelles, les laver et les sécher dans un torchon.

Dans une grande poêle, faire fondre 1 cuillère de beurre.

Ajouter 1 cuillère d'huile.

Faire chauffer assez fort.

Étendre une couche de pommes de terre, une couche de fromage. Saler et poivrer. Muscader.

Superposer ainsi couche de pommes de terre et couche de fromage, terminer par des pommes de terre, déposer quelques noisettes de beurre.

Couvrir et cuire à feux doux 45 mn.

Retourner la galette pour qu'elle dore sur l'autre face.

Continuer la cuisson 15 mn sans couvrir.

Une salade accompagnera agréablement cette galette, mais aussi les viandes grillées ou rôties(particulièrement bœuf et mouton).

Lentilles au gras

Plat d'hiver

4 personnes

– 500 g de lentilles
– 1 saucisson fumé
– 400 g de petit salé

Se reporter à « Mes petits trucs »pour faire cuire les lentilles (p. 235).

Le saucisson fumé y sera ajouté.

Dans une casserole – avec très peu d'eau au fond – faire revenir le petit salé coupé en tranches pas trop fines.

Les lentilles égoutées seront ajoutées à cette préparation et mijotées quelques minutes (les lentilles ne doivent pas être en purée). Poivrer.

Servir bien chaud avec le saucisson coupé en morceaux.

Rectifier l'assaisonnement.

Conserver le jus de cuisson des lentilles, qui servira à faire un bon potage avec des pâtes.

Ajouter un morceau de beurre au dernier moment.

Pommes de terre en robe

– 1 pomme de terre (moyenne) par personne
– 1 morceau de papier alu
– quelques brins de persil
– 1 gousse d'ail
– sel – poivre
– beurre

Prendre une pomme de terre moyenne par personne – avec la peau.

Dans une casserole remplie d'eau chaude salée, plonger les pommes de terre. Compter 5 mn de cuisson après ébullition.

Entourer chaque pomme de terre dans un morceau de papier alu.

Mettre au four (th. 6 – 180°) pendant 40 mn.

Malaxer le beurre avec l'ail et le persil hachés. Saler et poivrer.

Au moment de servir, déplier le papier alu. Faire une fente à la pomme de terre (assez grande), introduire le beurre « vert ». Replier le papier.

Présenter la pomme de terre dans son emballage avec une côte de bœuf grillée.

Chou-fleur poêlé aux saucisses

Facile

– 1 chou-fleur
– 4 saucisses
– farine
– huile
– ail - persil - sel - poivre

Détailler le chou-fleur en bouquets. Bien les laver.

Plonger les bouquets dans l'eau bouillante et faire cuire 10 mn.

Les égoutter, les passer les uns après les autres dans la farine et les mettre dans une poêle à grande friture.

Saler et poivrer.

Saupoudrer de persillade (ail et persil hachés).

Les saucisses grillées seront servies avec le chou-fleur en bouquet.

Champignons aux œufs

– 1 œuf par personne + 2 œufs
– 750 g de champignons (cèpes de préférence)
– 1 pot de crème fraîche
– sel - poivre blanc - beurre

Faire durcir les œufs.

Mettre à revenir les champignons au beurre. Saler.

Dans un plat à gratin beurré, mettre une couche de blancs d'œufs coupés en lamelles, une couche de champignons, une couche de blancs d'œufs, etc. Terminer avec le jaune d'œufs que vous aurez écrasé lorsqu'il était encore chaud.

Un peu de poivre blanc.

Faire une béchamel avec la crème et napper le tout.

Dorer au four 15 mn.

Feuilles de romaine farcies

– feuilles de romaine
– 250 g de chair à saucisse
– 2 œufs
– 150 g de champignons de Paris
– 2 échalotes
– 2 cuillères à soupe de crème fraîche
– sel - poivre
– crépine

Prélever les plus grandes feuilles d'une salade romaine.

Dans une grande casserole remplie d'eau salée, faire blanchir 2 mn les feuilles. Les retirer, les mettre à plat.

Dans une poêle, faire étuver les champignons de Paris hachés avec les échalotes. Saler et poivrer.

Ajouter le tout à la chair à saucisse, aux œufs, à la crème fraîche.

Mettre une cuillère à soupe de farce sur chaque feuille.

Rouler celles-ci et les entourer de crépine (que vous aurez fait tremper au préalable dans l'eau chaude. Un petit morceau suffit pour entourer la feuille).

Faire cuire au four 40 mn (th. 6 - 180°) sur un lit de carottes et oignons nouveaux.

VIANDES

Tendrons de veau

4 personnes

– 600 g de tendrons de veau
– 150 g de petit salé fumé
– 200 g de petits oignons (grelots)
– 1 verre de vin blanc
– 1 cuillère de farine ou plus
– 1 bouquet garni
– sel - poivre

Passer les tendrons dans la farine.

Faire revenir la viande dans 3 cuillères d'huile. Bien faire prendre couleur.

Retirer la viande.

Dans ce jus, ajouter le petit salé fumé coupé en morceaux et les oignons. Quand le tout est bien doré, mouiller avec le verre de vin blanc, ajouter le bouquet garni et remettre les tendrons. Saler et poivrer.

Couvrir et faire mijoter à feu doux une bonne heure.

Côtes de porc à la tomate

4 personnes

– 4 côtes de porc
– 2 oignons
– 500 g de tomate fraîche
– laurier - thym - ail - persil
– sel - poivre

Un peu d'eau au fond de la poêle et faire frire les côtes de porc. Saler et poivrer.

Retirer les côtes.

Dans la même poêle, couper les 2 oignons en fines lamelles.

Mettre la feuille de laurier, la branche de thym, la gousse d'ail écrasée et le persil.

Laisser cuire jusqu'à la transparence des oignons.

Ajouter les tomates fraîches coupées en fines rondelles. Saler et poivrer.

Faire mijoter au moins 1/4 d'heure. La sauce ne doit pas être trop liquide.

Poser les côtes sur la préparation.

Chauffer quelques minutes.

Méchinette d'agneau

Recette un peu oubliée

– cœur - poumons - foie
– 1 oignon
– 1 gousse d'ail piquée d'un clou de girofle
– 1 feuille de laurier - thym
– 1 cuillère de farine
– 2 verres d'eau bouillante
– sel - poivre

Faire couper par votre boucher le cœur, les poumons et le foie.

Prendre une cocotte, y verser 3 cuillères d'huile et faire revenir les composants avec l'oignon coupé en petits morceaux.

Piquer l'ail d'un clou de girofle, ajouter la feuille de laurier et thym. Saler et poivrer.

Laisser prendre couleur et saupoudrer de la cuillère de farine qı liera la sauce.

Verser les 2 verres d'eau bouillante, couvrir la cocotte et laisser cui à feu doux une bonne heure.

Cette préparation peut se servir avec du riz blanc ou des pommes (terre vapeur.

Cette recette un peu oubliée ne vous reviendra pas très cher.

Blanquette de veau

– 700 g de poitrine de veau en morceaux
– 2 verres de vin blanc
– 1 litre d'eau
– 1 gros oignon
– 30 g de beurre
– 30 g de farine
– 1 jaune d'œuf
– sel - poivre - bouquet garni

Mettre les morceaux de veau dans une casserole, couvrir d'eau froide.

Ajouter le vin blanc, le bouquet garni, les légumes émincés, l'assaisonnement - Porter à ébullition et cuire 1 h 30.

Égoutter la viande, la dresser dans le plat de service, tenir au chaud.

Faire un roux blond avec la farine et le beurre, le mouiller avec le jus cuisson. Cuire 10 mn.

Lier avec le jaune d'œuf et verser sur la viande.

Ou :

Monter le jaune d'œuf avec un peu d'huile comme une mayonnaise, détendre celle-ci avec un peu du jus de cuisson et verser sur la viande.

Ne pas faire bouillir la blanquette pour réchauffer.

Porc en daube

– 800 g de découvert de porc
– 150 g de boudin
– 100 g de lard gras
– 1/2 pied de porc
– 1 oignon
– 1 cuillère de farine
– 1 gousse d'ail piquée d'un clou de girofle
– sel - poivre
– laurier - thym

Hacher finement oignon et lard gras et faire revenir dans une cocotte.

Ajouter la viande coupée en morceaux. Laisser prendre couleur et saupoudrer de la cuillère de farine.

Faire chauffer vin – eau et en recouvrir la viande. Saler et poivrer.

Émietter le boudin.

Le joindre à la préparation ainsi que la moitié du pied de porc.

Ne pas oublier l'ail piqué du clou de girofle, la feuille de laurier et le thym.

Cuire tout doucement une bonne heure.

Poulet rôti pyrénéen

– 1 beau poulet fermier
– 4 bardes de lard
– croûtons de pains
– beurre
– 1 tête d'ail
– huile - sel - poivre

Parer un beau poulet fermier s'il n'a pas été acheté prêt à cuire.

Saler un peu l'intérieur.

Par l'ouverture ventrale, remplir le poulet de croûtons de pain beurré (Les croûtons frits et beurrés peuvent être employés.) en alternance avec les gousses d'ail épluchées.

Barder la volaille.

Mettre à cuire (en cocotte) selon votre habitude.

A mi-cuisson, entourer le poulet de pommes de terre entières, et continuer jusqu'à cuisson complète.

Daube aux trois viandes

Original

– 500 g de bœuf
– 500 g de porc (découvert ou épaule)
– 500 g d'agneau (épaule)

Voir la recette de la daube de fin d'année (p. 99).

Navarin de mouton

– 1 kg de mouton coupé en morceaux
– 1 kg de navets
– 150 g de carottes
– 40 g de farine
– 2 gros oignons
– 2 cuillères d'huile
– sel – poivre – bouquet garni
– 1/2 litre d'eau chaude

Dans une cocotte assez large, mettre 2 cuillères d'huile.

Faire revenir successivement les oignons (coupés en tranches), la viande, les légumes.

Saupoudrer de farine, laisser prendre couleur, mouiller avec l'eau chaude.

Saler, poivrer, mettre un bouquet garni. Couvrir, cuire tout doucement pendant 2 heures.

Réduire le temps si vous cuisez en autocuiseur.

Rôti de porc

(à manger froid)

– 1 kg de porc
– 1 échalote
– 2 gousses d'ail (en robe, c'est-à-dire non épluchées)
– 1 feuille de sauge
– 1 brin de sariette
– 1 brin de thym
– 1 feuille de laurier
– sel - poivre

A cuire en autocuiseur.

Prendre une feuille de papier alu.

Y déposer la viande en l'entourant de l'échalote coupée en 4, les 2 gousses d'ail, la sauge, la sariette, le thym, le laurier.

Saler et poivrer (généreusement).

Verser 2 verres d'eau au fond de la cocotte, déposer la viande enroulée dans l'alu dans le récipient adapté à la cocotte pour cuire à la vapeur.

Compter 1/4 d'heure par livre.

Excellent froid. Couper en tranches d'un demi-centimètre d'épaisseur et servir avec des cornichons et de la mayonnaise.

La sauce Johana (p. 208) accompagnera très bien ce rôti.

Poulet Marengo

– 1 poulet
_ 250 g de lard
– 200 g de champignons de Paris (en boîte)
– 10 petits oignons
– 3 gousses d'ail
– 200 g d'olives noires
– 1 petit verre de cognac
– 1 cuillère de farine
– 1 grand verre de vin blanc
– 2 cuillères à soupe de concentré de tomates
– 1 bouquet garni (laurier-thym)
– 2 cuillères d'huile - 20 g de beurre

Dans le mélange huile-beurre, faire revenir le poulet (coupé en morceaux) et les 250 g de lardons.

Quand les morceaux sont bien dorés, saupoudrer le tout de farine.

Laisser colorer.

Ajouter les petits oignons, l'ail, 1 petit verre de cognac, 1 grand verre de vin blanc, 2 cuillères de concentré de tomates, le jus des champignons.

Saler - poivrer - bouquet garni.

Laisser mijoter 1 h 30 à 2 h.

Au moment de servir, ajouter les champignons et les olives noires dénoyautées.

Selle d'agneau rôtie

6 à 8 personnes

– 1 selle désossée de 1,5 kg environ
– sel - poivre
– 60 g de beurre

Faire désosser la selle par le boucher et la ficeler.

Mettre la selle dans un plat à rôtir.

Saler, poivrer et tartiner avec 60 g de beurre.

Cuire à four chaud (th. 7 – 210°).

Retourner le rôti 4 fois pour qu'il dore tout autour.

Lorsque la couleur paraît bonne, baisser le feu (th. 6 - 180°) et continuer la cuisson pendant 15 mn.

Éteindre le feu et laisser gonfler 8 à 10 mn.

Déglacer le plat à rôtir avec une cuillère à soupe d'eau bouillante.

Verser en saucière. Tout le jus de découpage peut être ajouté à la sauce.

Petites pommes de terre sautées, haricots verts ou haricots blancs beurrés accompagneront très bien cette selle d'agneau.

Jarret de veau

- 1 jarret de veau
- 3 cuillères à soupe de farine
- 60 g de beurre
- 2 oignons
- 2 carottes
- 1 dl de vin moelleux (blanc)
- 2 gousses d'ail
- zeste d'un demi-citron
- 500 g de tomates pelées
- 1 bouquet garni .
- sel - poivre

Faire couper un jarret de veau en rouelles.

Saler et fariner chacun des morceaux et les faire revenir dans 30 g de beurre.

Les mettre en attente.

Dans la même cocotte, faire revenir les 2 oignons et les carottes émincées auxquels auront été ajoutés 30 g de beurre.

Poser la viande sur ces légumes, mouiller avec 1 dl de vin moelleux.

Porter doucement à ébullition.

Ajouter 2 gousses d'ail écrasées, 1 bouquet garni, le zeste d'un demi-citron et 500 g de tomates pelées et épépinées.

Saler et poivrer.

Laisser mijoter 1 h 1/2.

Purée de pommes de terre, riz ou pâtes accompagneront ce plat de résistance.

Châteaubriand au vin blanc

– 800 g de filet de bœuf
– 2 échalotes
– 65 g de champignons
– 2 tomates
– 1 petit verre de vin blanc
– 2 jaunes d'œufs
– 30 g de beurre
– persil

Dans une cocotte, faire cuire le filet de bœuf (18 mn).

Le rôtir sous toutes ses faces.

Dans le jus de cuisson, après avoir retiré la viande, ajouter les 2 échalotes coupées, 65 g de champignons, les 2 tomates coupées en 4 et le petit verre de vin blanc.

Faire cuire.

D'autre part, délayer une cuillère de fécule dans 2 cuillères d'eau. Ajouter 2 jaunes d'œufs ; battre bien le tout et verser dans le jus de cuisson. Incorporer 30 g de beurre par petits morceaux.

La sauce doit être piquante.

Elle sera salée, poivrée et relevée par du jus de cuisson.

Couper la viande. La replacer dans la casserole, arroser de sauce, garnir de champignons et de persil.

Servir en saucière le restant de sauce.

Fricassée de pot-au-feu

Économique

– Les restes de viande du pot-au-feu
– 1 gros oignon
– 2 cuillères à soupe de concentré de tomates
– 1 cuillère à soupe de vinaigre de vin
– 1 feuille de laurier – ail – persil
– sel – poivre
– huile

Mettre un peu d'huile dans une poêle et couper l'oignon assez finement.

Laisser prendre couleur.

Ajouter la viande – coupées en petits morceaux –, la feuille de laurier, l'ail, le persil.

Saler et poivrer.

Faire revenir le tout. Arroser de la cuillère de vinaigre de vin.

Diluer les 2 cuillères à soupe de concentré dans 1 verre 1/2 d'eau chaude.

Verser sur la préparation.

Laisser mijoter 10 mn à feu doux. Servir chaud.

Rôti de veau fourré au boudin

– 1,2 kg d'épaule de veau
– 20 cm de boudin
– 2 tranches de jambon cru
– 1 crépine
– 4 cuillères à soupe de moutarde

Précisez à votre boucher que le morceau doit être roulé, il l'aplatira.

Enroulez le boudin dans les tranches de jambon cru, l'épaule – à son tour – enroulera le tout.

Ficelez bien le rôti pour le maintenir en forme.

Faites tremper la crépine 10 mn dans l'eau tiède. Épongez-la avant d'entourer le rôti.

Tartinez le rôti de moutarde, enveloppez-le de crépine.

Mettez-le dans un plat allant au four (th. 6-7 – 180-200°) pendant 50 mn. Quand le rôti est bien doré, ajoutez en cours de cuisson 4 à 5 cuillères d'eau chaude.

Servir avec les légumes de votre choix et goût.

Petits oignons grelots, petits pois frais, tomates farcies avec chapelure, ail, persil sont du meilleur effet.

Ce rôti du meilleur effet surprendra vos invités !

Lapin roulé en crépine

Original

6 personn6es

– 1 lapin de 1 kg (écorché)
– 300 g de chair à saucisse
– 200 g de bifsteack
– 2 tranches de jambon blanc
– 1 crépine
– 1 petite truffe
– 2 poignées de cèpes secs

Mettre le lapin à plat ventre sur une planche à hacher, glisser la pointe du couteau le long de la colonne vertébrale pour fendre la peau de la viande sur toute sa longueur. Glisser le couteau le long des côtes et des os des quatre membres pour dégager la viande des os, enlever la carcasse, il reste la viande à l'état de « descente de lit ».

Rouler la chair à saucisse dans les 2 tranches de jambon (comme un saucisson) et les déposer sur la longueur du lapin. De chaque côté, allonger également la viande de bœuf hachée.

Couper la truffe en tout petits morceaux et les éparpiller sur le tout.

Fermer le lapin en ramenant les bords sur le milieu et le coudre au fil fin à grands points.

Le ficeler comme un rôti.

Saler et poivrer.

Enrouler le lapin dans la crépine (que vous aurez fait tremper dans l'eau chaude quelques instants).

Cuire à four moyen (th. 6 - 180°) pendant 1 heure.

Dans le jus, ajouter 1/4 d'heure avant de servir les cèpes secs préalablement cuits à l'eau 15 mn et hachés.

Un gourmet averti aura des difficultés à reconnaître la chair du lapin.

Daube de fêtes de fin d'année

– 2 kg de bœuf (4 morceaux différents : culotte - paleron - aiguillette - macreuse)
– 1 pied de porc
– 6 échalotes
– 2 gousses d'ail
– 2 carottes
– 200 g de couenne de lard
– 5 g de beurre
– 1 cuillère de farine
– thym - laurier - clou de girofle
– 1 bouteille de bon vin rouge
– sel - poivre

Prendre une daubière ou autre cocotte.

Couper la viande en morceaux et les faire revenir de tous côtés dans le saindoux.

Ajouter le pied de porc coupé en deux, les échalotes finement hachées, l'ail piqué d'un clou de girofle, le thym, le laurier, le sel, le poivre (du moulin),les carottes émincées.

Poser les couennes de lard.

Mouiller de vin rouge chaud.

Malaxer le beurre ramolli avec la cuillère à soupe de farine et former une boule. La déposer sur les couennes. Couvrir et remplir de vin le couvercle évidé de la daubière.

Faire cuire la daube lentement au moins 3 heures.

Des pommes de terre cuites à la vapeur accompagneront à merveille ce plat d'hiver.

Tournedos aux légumes

– 4 tournedos moyens
– 4 fonds d'artichauts (surgelés ou en boîte)
– 1 cuillère à soupe de moutarde d'estragon
– persil
– champignons en boîte
– 80 g de beurre
– 1 dl de crème fraîche épaisse
– sel - poivre

Faire revenir les champignons coupés en fines lamelles dans 25 g de beurre.

Procéder de la même façon pour les fonds d'artichauts. Saler et poivrer.

Faire cuire les tournedos à la poêle dans le reste du beurre.

Disposer dans le plat de service.

Verser la crème dans la poêle et faire chauffer pour que la sauce réduise.

Ajouter la moutarde et mélanger sans laisser bouillir.

Napper les tournedos de sauce et parsemer de persil haché.

Paupiettes aux champignons

– 6 escalopes de veau (dans la noix - 100 g environ par personne)
– 3 tranches de jambon de Paris (très minces)
– 150 g de porc frais ou de chair à saucisse fine
– 500 g de champignons de Paris
– 1 œuf
– 40 g de beurre - huile
– mie de pain trempée dans du lait (grosseur d'un œuf)
– 1 échalote
– 10 petits oignons
– 1 brin de persil
– 1 verre de vin blanc
– sel - poivre

Faire couper les escalopes très minces et demander à votre boucher de bien les aplatir.

Préparer la farce :

Hacher très fin le porc, 100 g de champignons, l'échalote, le persil, la mie de pain bien pressée. Saler, poivrer, lier le tout avec un 1 œuf battu.

Pour chaque paupiette, envelopper la farce dans une demi-tranche de jambon, puis dans l'escalope.

Rouler et ficeler.

Dans une cocotte contenant 40 g de beurre, faire dorer les paupiettes sur toutes leurs faces, ainsi que les petits oignons.

Saler légèrement, poivrer et faire une sauce avec le vin blanc, puis laisser cuire sur feu doux pendant une heure.

Faire étuver les 400 g de champignons dans un peu d'huile d'olive. Laisser cuire une dizaine de minutes. Saupoudrer de persil haché et servir avec les paupiettes.

Alouettes sans tête

– 4 escalopes de veau (très minces)
– 100 g de farce (chair à saucisse ou autre)
– vin blanc (1 verre)
– 1 cuillère de concentré de tomates
– huile - beurre

Étendre les escalopes de veau après les avoir bien parées.

Disposer la farce sur les escalopes, les rouler et les ficeler.

Mettre un peu d'huile dans une casserole (ou du beurre) et y faire revenir les alouettes.

Après couleur, ajouter le verre de vin blanc, délayer dans un peu d'eau la cuillère de concentré de tomates, et le verser sur la préparation.

Cuire une bonne demi-heure.

Une purée de pommes de terre peut accompagner ce plat.

Croquettes de canard

A faire la veille

– Détacher de la carcasse d'un canard toute la chair qui peut être utilisée et joindre les morceaux qui peuvent rester du repas
– sauce béchamel épaisse
– 1 jaune d'œuf
– 1 truffe
– huile - blanc d'œuf - chapelure

Mixer la chair du canard et la mélanger à la sauce béchamel trè épaisse (P. 203).

Couper la truffe en petits morceaux.

Incorporer le jaune d'œuf. Saler.

Poivrer légèrement avec du poivre blanc.

Bien amalgamer le tout.

Laisser reposer toute une nuit.

Le lendemain, façonner des croquettes, les passer dans le blaı d'œuf (légèrement battu) et la chapelure.

Faire frire et déposer sur du papier absorbant.

Paleron gillois

4 personnes

– 8 tranches moyennes de paleron
– 1 gros bouquet de persil
– 1 oignon (ou 2 échalotes)
– 1 petit anchois
– 2 cuillères à soupe de câpres
– huile
– sel

Mettre un peu d'huile dans la casserole et faire revenir les 8 tranches de paleron. Les laisser en attente.

Mixer le bouquet de persil, l'oignon (ou les 2 échalotes), les câpres et le petit anchois.

Déposer 1 ou 2 tranches de paleron dans le fond de la casserole, les recouvrir de la farce.

Répéter l'opération, en alternance, jusqu'à épuisement des ingrédients.

Faire cuire tout doucement une bonne heure.

Rectifier l'assaisonnement.

Préparé la veille, ce plat n'en sera que meilleur.

Escalopes de veau au bain-marie

– 6 escalopes de veau
– 1 gros bouquet de persil
– 8 échalotes
– sel - poivre
– 1 os de veau à cuire
– huile

Mixer le persil et les échalotes. Saler et poivrer.

Prendre une poêle, ajouter de l'huile et faire revenir les escalopes de veau.

Dans une casserole, mettre les escalopes les unes au-dessus des autres en les séparant par une couche de farce : persil – échalote.

Terminer par l'os de veau qui fera pression sur les escalopes.

Cuire au bain-marie salé 3/4 d'heure.

Des pommes de terre vapeur accompagneront ce plat ou le fromage de Brie. (Dans ce dernier cas, il faut passer le fromage au four doux 1/4 d'heure pour le ramollir.)

POISSONS

Calamars poêlés

Rapide

– 1 calamar par personne
– 2 gousses d'ail
– farine
– 1 jus de citron
– sel - poivre

Cuire les calamars (préalablement nettoyés) pendant 5 mn.

Les couper en anneaux ou en morceaux.

Les passer dans la farine et les faire frire.

Ajouter l'ail – à peine frit – et le jus de citron

Saler et poivrer.

Cette préparation peut être servie à l'apéritif.

Riz aux fruits de mer

– 4 verres de riz
– 8 verres d'eau
– 500 g de fruits de mer surgelés
– 1 tasse de petits pois
– 2 échalotes
– 1 gousse d'ail avec un clou de girofle
– 1 feuille de laurier
– 1 pincée de safran - sel - poivre
– 1 petite cuillère de concentré de tomates

Faire cuire le riz.

A la poêle, faire revenir les 2 échalotes – coupées finement.

Ajouter les 500 g de fruits de mer surgelés, l'ail piqué du clou de girofle, la feuille de laurier, la cuillère de concentré de tomates. Saler et poivrer.

Le tout bien revenu, incorporer le riz et la tasse de petits pois. Le safran en dernier lieu.

Décorer le plat avec de grosses crevettes, ou langoustines.

Calamars farcis

4 personnes

– 4 calamars
– 3 œufs
– 6 gousses d'ail
– 1 bouquet de persil
– 4 cuillerées de râpé, mieux du parmesan
– 1 poignée de mie de pain
– 1/4 de litre de lait
– 400 g de spaghettis
– 1 kg de tomates
– huile - sel - poivre - thym - laurier

Mélanger les œufs battus en omelette, le persil et les 3 gousses d'ail hachés.

Ajouter la mie de pain trempée dans le lait puis essorée, le gruyère ou parmesan râpé. Saler et poivrer.

Mettre dans une poêle contenant une cuillère d'huile.

Faire cuire juste le temps que les œufs soient pris.

Nettoyer les calamars (si vous ne l'avez pas fait faire par votre poissonnier). Tronçonner les tentacules. Laver et essuyer.

Répartir la farce dans les calamars en les remplissant à moitié. Les fermer avec un bâtonnet.

Dans une grande poêle, faire chauffer 1/2 verre d'huile d'olive, y mettre les calamars farcis, les tentacules, les 3 gousses d'ail restantes. Bien laisser revenir, puis ajouter les tomates pelées, épépinées, concassées, sel, poivre, thym, laurier.

Cuire à couvert une bonne heure. Ajouter un peu d'eau si besoin est.

Faire cuire les spaghettis à l'eau bouillante salée.

Après les avoir bien égouttés et à la fin de la cuisson des calamars, ajouter les spaghettis à ces derniers. Retirer les aromates.

Mélanger soigneusement et servir bien chaud.

Sardines farcies au maigre

Économique

– 16 belles sardines
– 2 échalotes
– 3 cuillères à soupe de persil haché
– 1 poignée de mie de pain trempée dans du lait
– 1 filet de jus de citron
– sel - poivre
– 50 g de beurre

Nettoyer et étêter 16 belles sardines.

Les ouvrir en deux sans séparer les deux moitiés, retirer l'arête centrale.

Préparer la farce :

Hacher les 2 échalotes.

Ajouter les 3 cuillères à soupe de persil (haché), la poignée de mie de pain trempée dans du lait et essorée, 50 g de beurre, le filet de jus de citron, sel et poivre.

Tartiner 8 sardines ouvertes avec cette préparation.

Recouvrir des 8 autres.

Paner les poissons et les faire frire à la poêle.

Des rondelles de citron accompagneront ce plat économique.

Tranche de thon aux oignons

– 1 tranche de thon
– 2 gros oignons
– 1 feuille de laurier
– 1 brin de thym
– 2 têtes d'ail
– 1 cuillère à soupe de vinaigre
– 1 cuillère à café de concentré de tomates
– sel - poivre - farine - 1 clou de girofle
– huile d'olive
– 1/2 tasse de vin blanc
– Facultatif : une cuillère à soupe de câpres

Faire dégorger dans de l'eau vinaigrée la belle tranche de thon 30 mn au moins.

Prendre une poêle anti-adhésive, y couler 2 cuillères d'huile d'olive.

Faire chauffer.

Mettre à revenir les oignons – coupés en fines lamelles – jusqu'à la transparence.

Parer la tranche de thon dûment épongée et séchée. (Vous enlevez la peau du thon qui entoure la tranche.)

Enfariner la tranche des deux côtés.

Faire frire dans la poêle avec laurier, thym, têtes d'ail, 1 clou de girofle. Saler et poivrer.

En fin de cuisson, ajouter la cuillère de vinaigre, le concentré de tomates dilué dans un peu de vin blanc, les oignons et les câpres.

Poursuivre la cuisson encore 1/4 d'heure à feu doux.

Baudroie sur canapé

4 personnes
– 4 tranches de baudroie
– 1 carotte
– 1 oignon
– 1/2 céleri rave
– 1 cœur de laitue
– 1 blanc de poireau
– 1 petite pomme de terre
– 1 jaune d'œuf
– 4 gousses d'ail
– laurier - sel - poivre
– 4 tranches de pain
– huile - beurre

Mettre un peu d'huile dans une cocotte et faire revenir les 4 tranches de baudroie sur les deux faces. Saler et poivrer.

La cuisson terminée, retirer les tranches et les laisser en attente.

Couper les légumes en très petits morceaux, les mettre à cuire à l'étouffée dans la cocotte pendant au moins 35 mn avec le laurier.

Si nécessaire, ajouter un peu d'eau durant la cuisson.

Avec le jaune d'œuf, monter la mayonnaise à laquelle vous ajouterez les 4 gousses d'ail bien pilées.

Réunir les petits légumes et la mayonnaise. Mélanger délicatement.

Poser les tranches de baudroie sur la préparation et laisser la cocotte sur un feu très doux.

Faire griller à la poêle les tranches de pain – d'un seul côté – à l'huile ou au beurre.

Prendre un plat préalablement chauffé. Placer les tranches de pain, sur lesquelles vous poserez les tranches de baudroie, et napper de la sauce aux petits légumes.

Blanquette de lotte

6 personnes

– 1 kg de lotte

Pour le court-bouillon :

carotte - oignon - blanc de poireau - persil - ail - thym - laurier - clou de girofle - sel - poivre - 10 cl de vin blanc

– 1 cuillère de farine

– 30 g de beurre

– 200 g de champignons

– 1 jaune d'œuf

– 1 cuillère de crème fraîche

Avec 1 litre d'eau, préparer le court-bouillon avec les légumes cités plus haut.

Couper la lotte en tranches et les pocher pendant 25 mn environ, dans le court-bouillon.

Préparer un roux blond. Pour cela, faire roussir légèrement 1 cuillère à soupe de farine dans 40 g de beurre. Mouiller avec 1/2 l de court-bouillon (passé) et 10 cl de vin blanc. Laisser bouillir une dizaine de minutes.

Faire sauter au beurre 200 g de champignons.

Lier la sauce avec 1 jaune d'œuf dilué avec une cuillère à soupe de crème fraîche.

Laisser épaissir sur feu très doux.

La lotte sera rangée sur un plat chaud et nappée de la sauce.

Terrine de crabe M. P.

Facile

4 personnes

– 1 boîte de crabe (200 à 250 g)
– 4 œufs
– 1 dl de crème fraîche
– 1 dl de lait
– 1 cuillère à café de Maïzena
– paprika - sel - poivre

Faire bouillir le lait.

Égoutter le crabe.

Battre les œufs en omelette.

Mettre sel - poivre - Maïzena - paprika.

Ajouter le lait peu à peu, le crabe et la crème.

Verser dans un moule à cake beurré et mettre au four 45 mn et cuire dans un bain-marie salé.

Servir avec une mayonnaise ou une sauce tomate.

Terrine de fruits de mer

– 300 g de filets de cabillaud
– 500 g de moules
– 2 œufs
– 4 tranches de pain trempées dans du lait
– 2 cuillères à soupe de crème fraîche
– 100 g de beurre

Passer au mixer les 300 g de filets de cabillaud, y incorporer les 2 œufs entiers.

Ajouter les 4 tranches de pain trempées dans du lait, les 2 cuillères à soupe de crème fraîche et les 100 g de beurre (à température ambiante).

Beurrer un moule à cake.

Mettre la moitié de la préparation.

Placer les moules entières et terminer avec le reste de la préparation.

Laisser au frais une demi-journée.

Cuire au four et au bain-marie salé, à température moyenne (th. 5 - 170°) pendant une bonne heure.

Attendre 24 h avant de démouler.

La sauce Ivetot accompagnera au mieux cette terrine.

Merlan aux olives noires

4 personnes

– 1 boîte de filets de merlan surgelés
– 5 filets d'anchois au sel
– 2 gousses d'ail
– 250 g de tomates
– 100 g d'olives noires
– 1 cuillère à café de câpres
– huile - persil - sel - poivre
– beurre

Couper les tomates pelées en dés.

Dessaler les filets d'anchois en les passant sous l'eau fraîche.

Dans un peu d'huile, faire revenir doucement l'ail et les anchois pendant quelques instants.

Ajouter les olives noires dénoyautées, les câpres et les dés de tomates.

Cuire le tout quelques minutes.

Saler et poivrer. Persil finement haché.

Sans les décongeler, saler et poivrer sur les deux faces les filets de poissons. Les poser sur un rectangle de papier alu et mettre sur chacun d'eux une noix de beurre avant de fermer la papillote.

Cuire à four chaud (th. 7 – 210°) pendant 15 mn.

Sortir les filets des papillotes, les mettre sur un plat chaud et les servir recouverts de sauce.

Crevettes au poivre vert

Rapide

– 400 g de crevettes décortiquées (fraîches ou surgelées)
– 50 g de beurre
– 1 échalote
– 2 cuillères à soupe de poivre vert au vinaigre
– 1 petit pot de crème fraîche
– persil – ciboulette
– 1/2 verre de vin blanc
– sel

Dans une poêle, mettre le beurre avec l'échalote hachée.

Ajouter les crevettes et faire revenir une dizaine de minutes avec le 1/2 verre de vin blanc.

Après évaporation, mettre le poivre vert et lier le tout avec la crème fraîche. Saler.

Saupoudrer avec les herbes hachées.

Servir très chaud.

Le riz accompagnera très bien cette préparation.

Daurade aux cèpes

– 1 belle daurade (800 g environ)
– 50 g de cèpes séchés
– 1 verre de vin blanc sec
– 1 filet d'huile - beurre
– roux brun
– sel - poivre
– bouquet garni - ail piqué d'un clou de girofle

Écailler, vider et laver la daurade.

Inciser la peau – légèrement en biais – de 3 ou 4 incisions de chaque côté.

Saler et poivrer l'intérieur du poisson.

Préchauffer le four.

Déposer la daurade dans un plat à gratin, l'arroser d'un filet d'huile.

Mettre au centre le bouquet garni et l'ail piqué du clou de girofle.

Cuire 20 mn.

Vous aurez préparé le roux brun (voir page 212) avec le vin blanc.

Mettre les cèpes cuits à l'eau pendant 15 mn.

Les essorer et les poêler dans un peu de beurre.

Les ajouter au roux brun. La sauce doit être fluide.

Sortir la daurade du four et la recouvrir de cette préparation.

Continuer la cuisson à feu doux pendant un petit 1/4 d'heure.

Cassoulet de poissons

Original

– 600 g de filets de haddock
– 600 g de filets de cabillaud
– 600 g de haricots lingots
– 2 tomates
– 1 gros oignon
– 200 g de couenne fraîche (porc)
– 1 cuillère de concentré de tomates
– 6 cuillères de graisse d'oie
– 4 gousses d'ail - 1 feuille de laurier
– 1 litre de lait
– 1 clou de girofle
– sel - poivre - 6 cuillère de chapelure

La veille, mettre les haricots à gonfler dans l'eau froide. Les recouvrir complètement.

Le jour même, égoutter, rincer, les recouvrir d'eau froide et les porter à ébullition 5 mn puis les égoutter.

Prendre une cocotte, chauffer 3 cuillères de graisse d'oie, y faire revenir l'oignon haché, la couenne coupée en morceaux pendant 5 mn à feu doux.

Ajouter l'ail pressé, les 2 tomates concassées, le concentré, puis les haricots et recouvrir d'eau froide.

A ébullition, terminer par le clou de girofle, le laurier.

Laisser mijoter 2 h. Saler et poivrer à mi-cuisson.

Recouvrir les filets de haddock avec 1/2 l de lait et d'eau froide. Laisser tremper 30 mn.

Verser le 1/2 l de lait restant et 30 cl d'eau dans une sauteuse.

Pocher les filets de cabillaud (frémissement 5 mn).

Retirer avec une écumoire. Saler et poivrer.

Dans ce même liquide, pocher les filets de haddock (frémissement 5 mn).

Égoutter.

Préchauffer le four th. 7 - 210°.

Graisser un plat à gratin avec 1 cuillerée de graisse d'oie.

Verser dedans la moitié des haricots égouttés.

Placer dessus les filets de poissons pochés.

Recouvrir des haricots restants.

Saupoudrer de chapelure.

Arroser de 2 cuillères de graisse d'oie fondue.

Enfourner. Laisser dorer votre plat 20 mn.

Servir à la sortie du four.

Vous pouvez réaliser ce cassoulet avec de la morue dessalée en remplacement du cabillaud et des filets de haddock.

Sardines farcies

– 16 sardines

Pour la farce :

– 1 belle tranche de jambon cru

– 1 oignon

– 2 tomates fraîches

– 3 sardines

– chapelure

– 1 filet d'huile

– ail - brin de persil

– sel - poivre

Vider les sardines, enlever l'arête principale et la tête. Mettre à plat.

Préparer la farce :

Hacher finement la tranche de jambon cru, l'oignon, les 2 tomates – préalablement pelées –, les 3 sardines, l'ail, le persil, un peu de sel et du poivre du moulin.

Faire revenir cette farce à la poêle.

Prendre les sardines une à une, y déposer une cuillère à café de farce et les rouler.

Les disposer dans un plat allant au four.

Les saupoudrer de chapelure salée et couler un filet d'huile.

Mettre à four moyen pendant 1 h.

On peut supprimer la chapelure et recouvrir les sardines d'un bon coulis de tomates.

Ce plat sera du meilleur effet sur votre table.

Mousse de truite

Rapide

– 400 g de filets de truites
– 2 jaunes d'œufs
– 2,5 dl de crème fraîche
– 1 pincée de paprika
– 1 pincée de noix muscade
– sel - poivre

Passer au mixer 400 g de filets de truites avec 2 jaunes d'œufs – sel, poivre, une pincée de paprika, une pincée de noix muscade.

Incorporer 2,5 dl de crème fraîche et les blancs d'œufs battus en neige.

Verser dans un petit moule à cake bien beurré et faire cuire 20 mn à four moyen.

Laisser refroidir.

Servir découpé en fines tranches avec du citron ou une mayonnaise relevée.

Morue à l'étouffée

– 500 g de morue
– 1 oignon
– 5 grosses tomates
– 150 g d'olives noires
– persil - ail - sel - poivre - laurier
– huile d'olive (3 cuillères à soupe)

Faire pocher la morue.

Pour cela :

Démarrer la cuisson à l'eau froide et dès frémissement de l'eau, arrêter la cuisson.

Dans 3 cuillères à soupe d'huile d'olive, faire revenir l'oignon.

Ajouter les tomates grossièrement concassées - sel - poivre - persil et ail hachés - laurier.

Laisser mijoter 20 mn.

Effeuiller la morue, dénoyauter les olives noires.

Réunir les 2 préparations en laissant cuire encore 10 mn.

Servir chaud.

Fruits de mer aux épinards

– 300 g de fruits de mer (surgelés)
– 500 g d'épinards
– 1 cuillère à soupe de farine
– lait (2 verres) ou crème fraîche (100 g)
– 30 g de gruyère râpé
– ail - persil
– sel - poivre
– beurre

Faire revenir dans une poêle les fruits de mer surgelés. Ajouter un peu de beurre en fin de cuisson.

Saupoudrer d'ail et de persil hachés. Remuer.

La cuillère de farine sera amalgamée au tout.

Le lait ou la crème fraîche détendront cette préparation.

Saler et poivrer.

Prendre une casserole, mettre un peu de beurre et faire revenir les épinards hachés. Les 30 g de gruyère râpé auront été ajoutés.

Mélanger alors les fruits de mer et faire mijoter 10 mn à feu doux.

Détendre avec un peu de lait si la préparation est trop épaisse.

ABATS

Andouillette en papillote

Rapide

– 1 andouillette par personne
– moutarde
– vin blanc sec
– brindilles de thym - laurier

Prendre du papier alu pour envelopper l'andouillette.

Badigeonner l'andouillette de moutarde (généreusement).

L'asperger de vin blanc sec.

1 feuille de laurier.

Les brindilles de thym.

Enrouler l'andouillette dans le papier alu et mettre au four (th. 7 - 210°) 20 mn.

Des pommes de terre vapeur peuvent être servies avec.

Pâté de foie rustique

– 600 g de foie de porc
– 1 kg de lard frais (non salé)
– 2 œufs
– 200 g de crème fraîche épaisse
– 40 g de sel - poivre du moulin

Hacher finement le foie de porc et le lard frais.

Ajouter les 2 œufs (battus en omelette), les 200 g de crème fraîche épaisse, 40 g de sel, poivre du moulin (assez généreusement). Bien mélanger le tout.

Mettre dans un récipient en terre ou en pyrex.

Faire cuire au bain-marie pendant au moins 2 h 30.

Remuer le pâté en cours de cuisson.

Mettre en verre et conserver au frais.

Pour longue conservation, stériliser par petits bocaux.

Ou encore cuire dans un moule à cake tapissé de bardes de lard (th. 6 – 180°). Le pâté est cuit lorsque la lame d'un couteau, enfoncé dans le pâté, ressort sèche.

Laisser refroidir puis le placer au réfrigérateur au moins une nuit.

Œufs durs grand'mère

Économique

– 2 œufs par personne
– sauce béchamel fluide (voir page 203)
– sel

Faire durcir les œufs à l'eau bouillante pendant 10 mn.

Passer les œufs sous l'eau froide et les écaler.

Couper les œufs en tranches et les ajouter à la sauce béchamel. Saler légèrement.

Remuer avec ménagement.

Continuer la cuisson encore 5 mn à feux doux.

Recette économique par excellence qui remplacera la viande.

Gras double maison

– 2 kg de gras double
– jambon cru (une bonne tranche épaisse et l'os)
– 2 pieds de porc
– 150 g de couenne
– 2 carottes
– 1 oignon
– 1 petite boîte de concentré de tomates
– 1/2 l de vin blanc sec
– bouquet garni - ail piqué d'un clou de girofle - 4 épices - sel - poivre

Bien nettoyer et blanchir le gras double.

Le couper en morceaux (si vous ne l'achetez pas coupé).

Prendre une cocotte en fonte, verser 3 cuillères d'huile.

Couper jambon et oignon en petits morceaux. Faire revenir.

Ajouter le gras double. Laisser mijoter quelques minutes en remuant.

Faire chauffer du bon vin blanc sec et l'ajouter à la préparation.

Au centre du plat, poser le bouquet garni, l'ail piqué du clou de girofle, saupoudrer des 4 épices, saler, poivrer généreusement.

Au bout d'une heure de cuisson, ajouter les pieds de porc bien nettoyés, les couennes détailles en lamelles, l'os du jambon (sur le conseil d'un cousin fin gourmet au palais délicat), les carottes en rondelles.

Délayer la petite boîte de concentré de tomates dans un verre d'eau chaude.

Arroser le tout.

Laisser cuire au moins 3 h à feu doux.

Ce plat peut être cuit à l'autocuiseur, d'où diminution de temps, mais je n'en assure pas la même saveur. Personnellement, je ne l'ai jamais employé.

Pâté de foie de porc

– 500 g de foie de porc
– 1,5 kg de lard frais (non salé)
– 20 g de sel par kg
– poivre

Hacher finement le foie de porc et le lard frais.

Saler à raison de 20 g par kg.

Etre assez généreux en poivre.

Prendre un plat en pyrex (ou autre matière), y verser la préparation et faire cuire au bain-marie pendant 2 h en ayant soin de remuer de temps en temps.

Mettre en pot et couvrir avec du saindoux.

Se conserve 7 à 8 mois au frais.

Terrine de foies de volaille

– 500 g de foies de volaille
– 500 g de lard frais
– 100 g de crème fraîche
– 4 œufs
– 1 oignon
– 2 clous de girofle
– 2 cuillères à soupe de cognac
– sel - poivre

Nettoyer les foies de volaille.

Couper l'oignon en tranches.

Mettre les foies et l'oignon dans une grande casserole. Les recouvrir d'eau froide.

Ajouter les clous de girofle. Saler et poivrer.

Commencer la cuisson à feu vif et dès que l'ébullition commence, cuire à feu doux pendant 5 mn.

Égoutter aussitôt et placer les foies dans le bol du mixer; avec la crème fraîche, les œufs entiers, le cognac et le lard frais (préalablement haché très fin).

Mixer le tout jusqu'à ce que vous obteniez une pâte très fine.

La verser dans une terrine (ou une barquette en alu) et faire cuire à four chaud (th. 7 - 210°) au bain-marie pendant 40 mn.

Laisser refroidir à température ambiante avant de placer la terrine au réfrigérateur.

Rognons au vin blanc

– 500 g de rognons de veau
– 1 cuillère de farine
– 1 verre de vin blanc
– 3 cuillères d'huile ou 60 g de beurre
– 100 g de champignons émincés
– 1 cuillère de persil haché
– 1 bouquet garni
– sel - poivre

Blanchir les rognons 5 mn dans 1 litre d'eau bouillante.

Faire revenir les champignons émincés dans les 3 cuillères d'huile ou les 60 g de beurre.

Retirer les champignons.

Mettre dans la casserole les rognons essuyés et coupés.

Faire prendre couleur rapidement.

Ajouter la farine. Remuer. Mouiller avec le vin blanc. Saler et poivrer - bouquet garni.

Remettre les champignons.

Laisser mijoter 5 mn. La sauce doit être courte.

Servir saupoudré de persil.

Gras double Anna

– 2 kg de gras double

– roux brun au vin blanc (1/2 l)

– 1 carotte

– 1 oignon

– 2 ails piqués d'un clou de girofle

– 1 feuille de sauge

– 1 brin de céleri

– laurier - thym - sel - poivre

Bien nettoyer et blanchir les 2 kg de gras double (5 mn).

Préparer un court-bouillon, avec carotte – oignon - 1 ail - sauge - brin de céleri - laurier - thym - sel - poivre et mettre le gras double à cuire pendant au moins 2 h 30. En autocuiseur, vous réduirez le temps.

Préparer un roux brun (voir recette page 212) avec du vin blanc - 1 ail piqué d'un clou de girofle, 1 feuille de laurier.

Égoutter le gras double, le mélanger au roux brun.

Prolonger la cuisson à feu doux pendant 30 mn. Saler et poivrer encore un peu si nécessaire.

Pieds de porc à la tomate

Rapide

– 1 pied de porc par personne
– ail - persil
– sauce tomate (2 louches)
– sel - poivre

Faire revenir les pieds de porc cuits et coupés (les petits os seront enlevés) dans une poêle avec un peu d'huile. Saler et poivrer.

Ajouter l'ail et le persil.

Bien faire revenir le tout.

Recouvrir de 2 louches de sauce tomate.

Laisser mijoter quelques minutes à feu doux.

Ris de veau au madère

4 personnes

– 2 ris de veau
– 150 g de champignons de Paris
– 70 g de beurre
– 1 petit verre de madère
– 4 épices - 2 jaunes d'œufs
– 80 g de crème fraîche
– 1/2 citron - sel - poivre du moulin
– 1 verre de bouillon

Prendre des ris de veau frais. Les faire dégorger pendant 1 h à l'eau froide vinaigrée.

Oter les parties cartilagineuses et la membrane transparente qui entoure les ris de veau.

Couper les ris en tranches et les faire blondir dans le beurre en retournant chaque tranche de tous côtés.

Ajouter les champignons et mouiller, le verre de vin blanc et le bouillon. Saler et poivrer. Mettre une pointe de 4 épices et laisser cuire doucement 25 mn (cocotte aux 3/4 ouverte).

Au moment de servir :

Prélever un peu de sauce dans laquelle vous délayez les jaunes d'œufs. Verser ce mélange dans la sauce en remuant.

Ajouter la crème fraîche et le jus du 1/2 citron.

Faire griller 4 tranches de pain.

Disposer les ris de veau sur lesdites tranches et la sauce au centre du plat.

Un riz créole complétera ce mets raffiné.

Pieds de porc panés

– 4 pieds de porc (1 pied par personne)
– mie de pain rassis (une poignée)
– 1 œuf
– persil
– 1 cuillère à soupe de moutarde
– 1 cuillère à café de vinaigre de vin
– noix muscade râpée

Acheter les pieds de porc (déjà cuits) chez votre charcutier, divisés en deux et prêts à griller.

Poser sur un gril chaud à feu vif. Quand ils sont cuits d'un côté, retourner de l'autre côté.

La sauce : voir rubrique sauce, page 195, avec les ingrédients cités plus haut.

Boudin aux fritons

Facile

4 personnes

– boudin de porc (2 morceaux par personne)
– 4 découverts de porc
– 1 bon morceau de panne de porc
– sel - poivre

Découper en morceaux la panne de porc (que vous demandez à votre charcutier).

La faire fondre à la poêle et y ajouter les découverts de porc coupés en carrés.

Bien laisser dorer.

Ajouter les morceaux de boudin.

Les retourner 2 fois dans la poêle, il faut que le boudin reste tendre et chaud.

Foie gras d'oie en brioche

Pour les fêtes

– 1 foie gras d'oie frais (700 à 800 g)
– champagne
– 450 g de farine
– 150 g de beurre
– 1 sachet de levure de boulanger
– sel - poivre
– 4 cuillères à soupe de lait

Nettoyer le foie gras d'oie et le placer dans une terrine. Saler et poivrer.

Recouvrir de champagne et faire mariner pendant 12 h dans un endroit frais.

Pâte :

Diluer le sachet de levure dans 4 cuillères à soupe de lait tiède. Ajouter 450 g de farine – 150 g de beurre mou – saler.

Battre la pâte avec les paumes de la main.

Laisser lever.

Envelopper le foie soigneusement dans un rectangle de pâte. Bien souder les bords.

Les chutes de pâte seront utilisées pour la décoration (selon votre inspiration).

Dorer à l'œuf battu.

Prendre un moule beurré et placer la brioche.

Cuire à four chaud (th. 8 – 200°) 40 mn.

Faire un trou au milieu de la brioche – pour laisser échapper la vapeur – et y placer un entonnoir en papier alu. Quand la brioche sera froide, vous verserez par là de la gelée semi-liquide.

Découper au dernier moment de belles tranches entourées de mini-cubes de gelée.

Le Sauternes est le vin qui se marie le mieux avec le foie gras, mieux le champagne sans problème.

DESSERTS

Brioche familiale

– 500 g de farine
– 3 œufs
– 1 cuillère de sucre
– 1 pincée de sel
– 200 g de beurre
– 1/4 de litre de lait
– 20 g de levure de boulanger

Prendre un saladier, verser les 500 g de farine, la levure (délayée dans 2 cuillères de lait chaud), les 3 œufs, le sucre, le sel, le beurre amolli, le 1/4 de litre de lait tiède.

Incorporer tous ces ingrédients à la farine en tirant la pâte pour l'aérer (il faut qu'elle souffle).

Laisser lever la pâte dans un endroit tiède dans son moule prêt à cuire environ 1 h.

Préchauffer le four (th. 6 –180°).

Enfourner la brioche (dûment badigeonnée à l'œuf). Baisser un peu la chaleur au bout d'1/4 d'heure et continuer la cuisson 40 mn.

Cette brioche se mange tiède ou froide avec de la confiture ou une crème pâtissière.

Pavés à la poudre d'amande

Facile

– 130 g de poudre d'amande
– 130 g de sucre glace
– 6 blancs d'œufs
– 1 sachet de sucre vanillé

Mélanger la poudre d'amande et le sucre glace.

Monter les 6 blancs d'œufs en neige avec le sachet de sucre vanillé.

Mélanger délicatement les blancs et la poudre d'amande.

Déposer des petits tas sur une plaque beurrée et cuire à four moyen 18 à 20 mn.

Cake sans fruits

– 1 tasse de sucre en poudre
– 100 g de beurre
– 3 œufs
– 1 tasse de lait
– 3 tasses de farine
– 1/2 sachet de levure chimique
– zeste de citron

Mélanger le beurre ramolli et le sucre.

Ajouter les œufs entiers.

Bien remuer.

Verser la tasse de lait et les 3 tasses de farine.

Râper le citron.

Terminer par la levure chimique.

Bien mélanger.

Beurrer un moule à cake.

Y verser la pâte et cuire (th. 6 – 180°) 40 mn.

A cette pâte de base peuvent s'ajouter des raisins macérés dans le rhum, des dattes, des pruneaux, des fruits confits, etc.

Tranches de gâteau des rois

Facile

Un gâteau des rois rassis sera utilisé de la façon suivante :

– couper des tranches
– 1 boîte de lait concentré sucré
– poudre d'amandes

Tartiner les tranches de lait concentré sucré.

Les saupoudrer de poudre d'amandes.

Passer sous le gril.

Crème grillée

Très raffiné

– 6 jaunes d'œufs
– 100 g de sucre
– 1 paquet de sucre vanillé
– 600 g de crème fraîche

A préparer la veille.

Battre les 6 jaunes d'œufs avec les 100 g de sucre et le paquet de sucre vanillé.

Mélanger aux 600 g de crème fraîche et faire cuire à feu très doux pendant 30 mn (ne pas faire bouillir).

Mettre au frais après refroidissement.

Servir dans des petites coupes évasées. Saupoudrer de sucre vanillé et passer sous le gril quelques minutes.

Vous pouvez supprimer le gril si vous disposez d'un appareil spécial pour griller la crème.

Mousse glacée (chocolat)

- 6 œufs
- 175 g de sucre en poudre
- 150 g de chocolat
- 500 g de crème fraîche

Faire fondre le chocolat au bain-marie et laisser tiédir.

Séparer les blancs et les jaunes des œufs.

Prendre un saladier et tourner, en mousse, jaunes d'œufs et sucre. Mélanger le chocolat.

Battre la crème fraîche pour obtenir de la chantilly. (Ne pas oublier de mettre un glaçon dans la crème fraîche pour faciliter l'opération.)

Monter les blancs d'œufs en neige très ferme.

Les incorporer à la chantilly et mélanger à la préparation œufs et chocolat.

Tapisser de papier alu un moule à cake, verser la mousse et faire prendre au congélateur.

Cake à la banane

- 150 g de farine
- 100 g de sucre
- 2 œufs
- 4 cuillères à soupe d'huile
- 4 cuillères à soupe de lait tiède
- 1/2 paquet de levure
- 400 g de bananes bien mûres
- 2 cuillères à soupe de raisins secs imbibés de rhum
- 1 paquet de sucre vanillé

Dans un saladier, casser les 2 œufs et ajouter les 100 g de sucre et les 4 cuillères d'huile.

Battre jusqu'à l'obtention d'une crème mousseuse.

Incorporer la farine, la levure et les 4 cuillères à soupe de lait tiède.

Mélanger en pâte lisse.

Les bananes bien mûres grossièrement écrasées, les 2 cuillères à soupe de raisins secs seront jointes à la préparation.

Verser dans un moule à cake beurré et saupoudrer de sucre vanillé. Faire cuire 45 mn au four à 180°.

Vérifier la cuisson et refroidir sur grille.

Saucisson au chocolat

– 40 biscuits (petit beurre)
– 200 g de chocolat
– 125 g de beurre
– 125 g de sucre en poudre
– 2 œufs entiers
– 200 g de noisettes ou cerneaux de noix
– raisins trempés dans le rhum (1 bonne poignée)

Faire fondre le chocolat avec une cuillère d'eau au bain-marie.

Ajouter le beurre ramolli, le sucre, les œufs et les biscuits préalablement mixés.

Bien remuer le tout. Si la pâte est trop dure, une cuillère de crème fraîche arrangera la chose.

Incorporer alors la poignée de raisins au rhum.

Laisser refroidir le chocolat.

Lui donner la forme d'un saucisson à l'aide d'un papier alu et piquer irrégulièrement les noisettes ou cerneaux de noix.

Remodeler ledit saucisson, le saupoudrer de sucrer, laisser durcir avant de le découper en tranches.

Gâteau au chocolat

– 250 g de chocolat
– 125 g de poudre d'amandes
– 125 g beurre
– 250 g de sucre en poudre
– 4 œufs

Faire fondre 250 g de chocolat à feu doux avec 2 cuillères à soupe d'eau chaude.

Ajouter 125 g d'amandes en poudre, 125 g de beurre divisé en petits morceaux, 4 jaunes d'œufs et 150 g de farine tamisée au chocolat fondu.

Travailler la pâte pendant 10 mn.

Ajouter les 4 blancs battus en neige ferme.

Beurrer un moule à manqué, verser la pâte et faire cuire à feu doux pendant 45 mn.

Démouler sur grille.

Glaçage :

Dans 6 cuillères à soupe d'eau chaude, faire fondre 2 grosses barres de chocolat.

Laisser bouillir 5 mn.

Ajouter 5 cuillères à soupe de sucre glace. Retirer du feu.

Lorsque le mélange est tiède, faire fondre 50 g de beurre.

Étaler aussitôt sur le gâteau encore tiède.

Égaliser avec un couteau mouillé d'eau froide.

Crème au four

– 3 œufs
– 100 g de sucre
– 60 g de farine
– 1/2 litre de lait
– sucre vanillé

Travailler au fouet 3 jaunes d'œufs et 100 g de sucre dans une terrine, jusqu'à l'obtention d'une crème.

Ajouter en mélangeant avec 60 g de farine, 1/2 l de lait avec 1 paquet de sucre vanillé – ou une gousse de vanille – puis les blancs en neige.

Verser dans des petits plats à œufs.

Cuire 20 mn (th. 6 - 180°).

Dorer sous le gril en fin de cuisson et ajouter une cuillère de rhum qui ne peut qu'arranger ce dessert.

Mousse au chocolat (cuite)

– 1 tablette de chocolat noir (55% de cacao)
– 80 g de beurre
– 3 cuillères à soupe de sucre
– 6 œufs
– 1 cuillère à soupe de lait

Faire fondre au bain-marie la tablette de chocolat coupée en morceaux dans une cuillère de lait.

Bien remuer, joindre le beurre fondu, les 3 cuillères à soupe de sucre et, un par un, les jaunes d'œufs.

Battre les blancs d'œufs en neige (avec une pincée de sel).

Les incorporer au chocolat très délicatement.

Prendre un moule à manqué (recouvrir le fond d'un papier sulfurisé beurré) et y couler la préparation.

Cuire à feu doux (th. 5 - 150°) 25 mn.

L'intérieur de la mousse doit être moelleux.

Servir le plus glacé possible.

Gâteau aux poires

– 4 belles poires (1 pour la décoration)
– 250 g de cerneaux de noix
– 250 g de chocolat à cuire
– 3 œufs
– 1 yaourt nature
– 1 pot à yaourt d'huile
– 1 pot à yaourt de sucre en poudre
– 2 pots à yaourt de farine
– 1 sachet de levure

Faire fondre le chocolat au bain-marie.

Dans un saladier, mélanger les œufs entiers, le yaourt, la farine, le sucre en poudre, la levure, l'huile, le chocolat fondu, les cerneaux de noix cassés en deux.

Éplucher les poires.

Huiler un moule à cake.

Verser la moitié de la pâte.

Enfonder les poires (pointu vers le bas).

Recouvrir du reste de pâte.

Faire cuire à four chaud (th. 6 – 180°) pendant 50 mn au moins.

Décorer avec des tranches de poires et quelques cerneaux de noix que vous aurez réservés.

C'est un gâteau raffiné qui plaira.

Gâteau à l'orange

6/8 personnes

– 150 g de beurre
– 150 g de sucre semoule
– 2 oranges
– 2 œufs entiers
– 115 g de farine
– 1/2 paquet de levure
– 110 g de sucre glace

Dans un saladier, battre à la spatule de bois – ou au robot – le beurre légèrement ramolli, le sucre semoule et les zestes d'orange râpés (préalablement bien nettoyés) jusqu'à l'obtention d'une pâte lisse.

Ajouter les œufs entiers, continuer de travailler en incorporant un jus d'orange, la farine et la levure.

Verser dans un moule à génoise rond beurré et fariné.

Glisser au four (th. 6 – 180°) 30 mn.

Démouler, laisser refroidir avant de glacer ce gâteau avec le jus d'une demi-orange délayé dans 110 g de sucre glace.

Étendre à la spatule cette préparation. Décorer avec 2 ou 3 tranches d'orange.

Servir avec le thé.

Ce gâteau fera les délices de vos invités.

Beignets à la noix de coco

– 500 g de farine
– 1/2 noix de coco râpée
– 1 boîte 1/2 de lait concentré non sucré
– 2 cuillères à café de vanille en poudre
– 250 g de sucre en poudre
– 6 œufs
– 150 g de beurre
– 1 pincée de levure
– huile d'arachide

Dans une grande terrine, mettre la farine, le sucre, la noix de coco râpée, la vanille et bien mélanger.

Faire un puits.

Mettre le beurre ramolli, les œufs, la levure et le lait en faisant bien attention de le verser lentement tout en continuant de mélanger.

Bien travailler la pâte.

Étaler la pâte au rouleau sur une planche farinée et découper à l'emporte-pièce.

Faire chauffer l'huile de friture, y jeter les beignets.

Quand ils sont frits, bien les égoutter et les déposer sur du papier absorbant.

Servir saupoudrés de sucre.

Mousse d'ananas

– 1 boîte de 1/2 l de purée d'ananas pour glace
– 600 g de crème fraîche
– 70 g de sucre semoule
– 1 boîte de 9 tranches d'ananas au sirop
– 6 coupes

Fouetter la crème fraîche très froide avec le sucre.

L'incorporer délicatement à la purée d'ananas.

Faire prendre cette mousse au freezer pendant 2 h au moins.

Égoutter les tranches d'ananas.

Lorsque la mousse est prise, poser une tranche dans chacune des coupes, contre la paroi.

Répartir la mousse dans les 6 coupes, décorer de demi-rondelles d'ananas et remettre au frais.

Servir avec des biscuits.

Ce dessert facile à faire satisfaira les plus difficiles.

Gâteau aux pommes

Facile

– 175 g de farine
– 125 g d'huile
– 3 œufs
– Lait Nestlé concentré sucré (397 g)
– 2 cuillères à café de poudre à lever
– 2 pommes

Mélanger la farine, l'huile, les 3 œufs, les 2 cuillères à café de poudre à lever et la boîte de lait concentré.

Éplucher les 2 pommes.

Verser la pâte bien lisse dans un moule à manqué beurré.

Disposer dessus les pommes coupées en tranches.

Faire cuire au four (th. 6 – 180°) pendant 40 mn.

Oranges flambées

Facile et rapide

4 personnes

– 4 oranges à peau fine
– 3 cuillères à soupe de sucre en poudre
– rhum (1 grand verre)

Laver et essuyer les oranges, détailler en tranches fines.

Oter les pépins puis disposer ces tranches de manière qu'elles se chevauchent les unes les autres dans un plat allant au four.

Saupoudrer de 3 cuillères à soupe de sucre et laisser reposer une demi-heure.

Vingt minutes avant de servir, mettre au four doux.

Faire chauffer le grand verre de rhum.

Verser sur les oranges et flamber à table.

Soufflé glacé aux raisins secs

– 7 œufs
– 350 g de sucre glace
– 100 g de raisins macérés dans le rhum
– 1/4 de litre de crème chantilly
– 1 paquet de sucre vanillé

Dans un saladier, casser 3 œufs entiers, ajouter 4 jaunes d'œufs et 350 g de sucre glace.

Sur feu doux, poser un récipient rempli d'eau chaude et y déposer le saladier.

Battre au fouet électrique, la préparation doit doubler de volume.

Arrêter le feu. Continuer à fouetter jusqu'à refroidissement complet.

Monter en chantilly le 1/4 de litre de crème fraîche avec le paquet de sucre vanillé, puis à part les 4 blancs d'œufs avec 50 g de sucre glace.

Rouler les raisins, macérés dans le rhum, dans du sucre semoule.

Mélanger le tout très délicatement et verser dans un moule à bords droits. Laisser au congélateur 4 h.

Flougnarde sucrée

– 3 œufs
– 4 cuillères de farine
– 4 cuillères de sucre
– 4 cuillères de crème fraîche
– 2 pommes ou 2 poires ou 6 abricots ou 2 grosses pêches ou 2 cuillères à soupe de raisins secs (au rhum)
– 1 paquet de levure chimique

Mettre dans un saladier les œufs, la farine, le sucre, la crème fraîche, le paquet de levure.

Bien mélanger le tout, couper en tranches le fruit choisi dans la préparation.

Ajouter les 2 cuillères de raisins secs au rhum.

Dans une poêle anti-adhésive bien beurrée, verser la pâte et laisser cuire à feu très doux 15 mn. Retourner cette omelette et continuer la cuisson encore 10 mn.

Il est conseillé de cuire sous couvercle.

Rôties concouloises

– tranches de pain (rassies de préférence)
– 3 œufs
– 3/4 de litre de lait
– sucre en poudre
– 1 paquet de sucre vanillé
– huile

Casser les œufs entiers dans un saladier.

Ajouter les 3/4 de litre de lait tiède et battre le tout.

Prendre une poêle anti-adhésive.

Ajouter l'huile nécessaire à la friture.

Faire chauffer.

Imbiber les tranches de pain de la préparation.

Faire dorer les tranches des 2 côtés.

Sortir sur du papier absorbant.

Saupoudrer de sucre en poudre auquel vous aurez ajouté le sucre vanillé.

Une autre façon de faire :

Battre les œufs entiers à part.

Le lait tiédi dans un saladier.

Tremper les tranches de pain dans le lait, les passer dans les œufs et les faire frire.

La première préparation est plus rapide.

Un dessert peu coûteux qui permet d'utiliser le pain restant.

Gâteau au chocolat maison

Ultra-rapide

– 1 tablette de chocolat noir
– 3 œufs entiers
– 6 cuillères à soupe de sucre
– 6 cuillères à soupe de farine
– 1 cuillère à soupe de poudre d'amandes
– 170 g de beurre fondu
– 1 paquet de sucre vanillé
– 1 paquet de levure chimique
– 1 poignée de raisins secs macérés dans le rhum
(à faire avec un robot)

Dans le bol de votre robot, mettre la tablette de chocolat coupé grossièrement.

Actionner pour briser et mettre en poudre le chocolat.

Ajouter les œufs entiers, le sucre, le beurre fondu, la farine, poudre d'amandes, le sucre vanillé, la levure chimique.

Bien mélanger au robot.

Verser cette préparation dans un moule à manqué beurré.

Parsemer le dessus du gâteau de raisins imbibés de rhum.

Mettre au four (th. 6 - 180°) pendant 45 mn.

Refroidir sur grille.

Croquants aux amandes

Rapide et facile

– 3 tasses de farine
– 2 tasses de sucre
– 1 tasse de lait
– 1 œufs
– 1 bol d'amandes émondées et concassées
– 3 cuillères de miel
– 1 cuillère de levure chimique

Mélanger tous les ingrédients.

Étaler la pâte sur une plaque beurrée et mettre au four 15 mn (th. 5 - 150°).

Couper en rectangles et remettre au four 20 mn (th. 1) en les retournant pour les faire sécher.

Pâte à choux

– 1/4 de litre d'eau
– 125 g de farine
– 1/2 cuillère à café de sel
– 75 g de beurre
– 1 cuillère à soupe de sucre
– 4 œufs

Dans une casserole, mettre ensemble 1/4 de litre d'eau, le sel, le sucre et le beurre.

Faire bouillir.

Retirer du feu dès l'ébullition, et verser d'un seul coup 125 g de farine.

Remuer à la spatule en bois, tourner vivement pour que la pâte sèche et se détache de la casserole.

Ajouter les 4 œufs un par un en battant longuement chaque fois.

La pâte doit être lisse, onctueuse, bien jaune et se détacher des parois de la casserole.

Déposer sur une feuille de papier alu beurré, les choux moulés soit à la cuillère, soit à la poche à douille.

Préchauffer le four (th. 7 - 210°).

Cuire environ 1/4 d'heure.

Les choux doivent tripler de volume.

Oreillettes « Brun »

– 500 g de farine
– 4 jaunes d'œufs
– 150 g de sucre fin
– 1 œuf de beurre
– 35 g de bon saindoux
– 1 cuillère à soupe d'huile
– 1 verre à moutarde d'eau
– sucre glace

Prendre les 500 g de farine.

Mettre au milieu les 4 jaunes d'œufs, 150 g de sucre fin, l'œuf de beurre, le saindoux (que l'on peut faire fondre au bain-marie), la cuillère d'huile et le verre d'eau.

Bien pétrir et laisser reposer 2 h.

Diviser la pâte en petits morceaux.

Les étendre au rouleau à pâtisserie très finement.

Les jeter à grande friture.

Saupoudrer de sucre glace.

(Il faut manier les oreillettes avec 2 cuillères en bois.)

Gâteau d'amandes

– 500 g de farine
– 200 g de sucre
– 100 de beurre
– 250 g de poudre d'amandes
– 4 œufs
– 1 œuf pour dorer

Sur une planche à pâtisserie, verser la farine mélangée avec le sucre.

Incorporer le beurre (ramolli) en parcelles, les œufs entiers un à un et la poudre d'amandes.

Bien pétrir la pâte et la déposer dans un moule à manqué largement beurré.

Bien aplatir et égaliser le dessus avec la paume de la main.

Dorer le dessus avec le jaune d'œuf à l'aide d'un pinceau de cuisine.

Faire des stries avec une fourchette.

Cuire à four moyen pendant 50 mn.

Laisser refroidir avant de démouler.

Peut se servir avec une crème anglaise.

Oreillettes ardéchoises

– 1 kg de farine
– 250 g de beurre
– 25 g de levure de boulanger
– 8 œufs
– 2 zestes d'orange
– 1 cuillère à soupe de rhum
– 1/2 verre d'eau tiède

Faire une fontaine avec 1 kg de farine. Placer au milieu 250 g de beurre ramolli, 8 œufs, 1/2 verre d'eau tiède où les 25 g de levure de boulanger auront été délayés.

Râper les 2 zestes d'oranges.

1 cuillère à soupe de rhum.

Amalgamer le tout et travailler la pâte le plus longtemps possible.

Laisser reposer au moins 4 h.

Diviser la pâte en petits morceaux.

Les étendre au rouleau à pâtisserie ou les étirer à la main si vous le pouvez.

Les jeter à grande friture.

Encore chaudes, saupoudrer les oreillettes de sucre glace vanillé.

Tôt-fait aux pommes

– 300 g de farine
– 6 petits suisses
– 1/3 de verre de lait
– 70 g de sucre fin
– 1/4 de verre d'huile
– 1 sachet de levure chimique
– 1 kg de pommes
– 2 cuillères de rhum
– 2 cuillères de sucre fin
– 1 paquet de sucre vanillé

Dans une terrine, mélanger les petits suisses, le lait, le sucre fin et le sucre vanillé, l'huile. Ajouter peu à peu la farine, la levure.

Pétrir pour obtenir une pâte homogène. Rajouter au besoin un peu de farine.

Les pommes pelées, épépinées et coupées en fines lamelles macéreront dans 2 cuillères de rhum pendant 1/2 h.

Étaler au rouleau la pâte en rectangle. La placer sur une plaque beurrée. Disposer les lamelles de pommes, les saupoudrer de sucre et les parsemer de petits morceaux de beurre.

Cuire 40 mn à four chaud (th. 5 - 210°).

Gâteau aux noix

Facile

– 6 œufs (les peser)
– même poids de sucre et de farine
– zeste de citron
– 1 tasse à thé de noix pilées

Prendre un plat.
Mélanger la farine, le sucre, les jaunes d'œufs, les noix.
Travailler 1/4 d'heure environ.
Incorporer les blancs battus en neige ferme.
Cuire dans un moule à manqué 3/4 d'heure (th. 7 - 210°).

Cake au miel et aux noix ou aux dattes

– 125 g de beurre + 20 g
– 125 g de miel
– 3 œufs
– 125 g de farine
– 150 g de cerneaux de noix
– 1 cuillère à soupe d'alcool de fruit (poire ou framboise ou mirabelle)

Faire fondre le beurre sur feu doux.

Ajouter le miel.

Bien mélanger avec une cuillère en bois.

Parfumer avec l'alcool de fruit choisi.

Séparer les blancs et les jaunes d'œufs.

Mélanger les jaunes à la préparation (vigoureusement), la farine et continuer à tourner jusqu'à ce que la pâte soit bien lisse et souple.

Battre les blancs d'œufs en neige très ferme.

Les mêler à la pâte.

Beurrer un moule à cake.

Verser la pâte.

Écraser grossièrement les noix et en parsemer le dessus du gâteau.

Faire cuire au four pendant 40 mn (th. 5).

Démouler sur grille après refroidissement.

Pour les dattes, les couper en morceaux et procéder de la même façon que pour les noix.

Beignets au miel

– 250 g de farine
– 2 œufs
– 70 g de beurre
– 1 sachet de sucre vanillé
– 1 sachet de levure chimique
– pincée de sel
– 6 cuillères à soupe de miel
– 2 cuillères à soupe de rhum

Mettre la farine dans un saladier.

Ajouter la levure, le sucre vanillé, le beurre fondu, les 2 œufs et le sel.

Bien mélanger et pétrir avec les mains pour obtenir une pâte souple.

Laisser reposer 1 h.

Chauffer un bain de friture.

Plonger un peu de pâte à l'aide d'une petite louche.

Bien soufflés et dorés, retirer les beignets sur du papier absorbant et les empiler dans un compotier.

Sans faire bouillir, chauffer le miel et le rhum, et verser le tout, doucement, sur les beignets encore tièdes.

Gâteau à la crème de marrons

– 100 g de farine
– 75 g de beurre
– 200 g de crème de marrons
– 2 œufs
– 100 g de sucre en poudre
– 2 cuillères à soupe de rhum
– 1 cuillère à soupe de levure en poudre
– une pincée de sel

Dans un saladier, travailler les œufs entiers, le sucre, le rhum et le sel pendant un bon moment. (Si vous possédez un robot, celui-ci fera le travail.)

Ajouter la farine, la levure.

Mélanger jusqu'à ce que la pâte soit bien homogène.

Ramollir le beurre et le mélanger à la crème de marrons vanillée.

Réunir les deux préparations.

Dans un moule à manqué beurré, verser le tout et faire cuire au four (th. 5 - 180°) 45 mn.

(Si la lame d'un couteau ressort nette, le gâteau est cuit.)

Servir bien froid.

Pâte à tarte

Très facile

– 270 g de farine
– 125 g de beurre
– 15 cl d'eau
– 1 œuf
– 3 cuillères de sucre
– 1 petit pot de crème
– 1 sachet de sucre vanillé

Faire fondre le beurre dans une casserole.

Ajouter la farine.

Bien mélanger les 2 ingrédients.

Très peu de cuisson avant d'ajouter 15 cl d'eau froide.

Dès que la pâte se détache des bords, l'étaler à la main dans un moule à tarte.

Précuire 10 mn. Sortir du four.

Ranger les fruits – que vous avez choisis – sur la pâte.

Battre l'œuf, le sucre, la crème et le sucre vanillé.

Recouvrir les fruits de cette préparation et continuer la cuisson – à four moyen – pendant 25 mn.

Oreillettes du Mardi Gras

– 250 g de farine
– 2 œufs
– 50 g de beurre
– 1 petit verre d'eau

Dans un saladier, faire une fontaine avec 250 g de farine. Casser 2 œufs entiers, ajouter 50 g de beurre ramolli et le petit verre d'eau.

Bien mélanger tous les ingrédients et bien travailler la pâte.

Laisser reposer au frais 2 bonnes heures.

Abaisser la pâte au rouleau.

Prendre des petits morceaux d'une noix.

Étendre lesdits morceaux en 2 mm d'épaisseur et former des bandelettes avec la roulette à pâtisserie.

Jeter à grande friture.

Quand elles sont dorées, les égoutter sur du papier absorbant et les saupoudrer de sucre glace vanillé.

Crème de marrons glacée

Facile

– 500 g de crème de marrons vanillée
– 500 g de crème fraîche épaisse
– 3 œufs
– 3 cuillères de sucre glace

Incorporer les 3 jaunes d'œufs à la crème de marrons vanillée.

Monter en chantilly les 500 g de crème fraîche. (Ne pas oublier de mettre un glacon dans la crème.)

Battre les 3 blancs d'œufs en neige en incorporant les 3 cuillères à soupe de sucre glace.

Mélanger la crème et les blancs d'œufs avec précaution.

Ajouter la crème de marrons.

Couler la préparation obtenue dans un moule à cake passé à l'eau préalablement.

Laisser prendre au congélateur quelques heures.

Gâteau au chocolat fourré abricots

– 400 g de biscuits à la cuillère
– 1/2 litre de lait
– 4 œufs
– 3 cuillères à soupe de sucre
– 75 g de chocolat fondant
– 50 g de beurre
– 1 pot de confiture d'abricots
– 100 g d'amandes mondées
– sucre glace

Mixer 400 g de biscuits à la cuillère.

Dans 1/2 l de lait, mélanger 4 jaunes d'œufs, 3 cuillères à soupe de sucre, 75 g de chocolat fondant ramolli au bain-marie, 50 g de beurre et les biscuits.

Incorporer délicatement les blancs battus en neige.

Verser dans un moule à manqué beurré et faire cuire 40 mn (th. 6 - 180°).

Après refroidissement, couper le gâteau en deux horizontalement et le fourrer du contenu d'un petit pot de confiture d'abricots – réchauffée sur feu doux et additionnée de 100 g d'amandes mondées et hachées.

Servir saupoudré de sucre glace.

Oranges chantilly

Vite fait

4 personnes

– 4 oranges à peau fine
– 150 g de crème fraîche
– 2 cuillères à soupe de lait ou glaçon
– 6 cuillères à soupe de sucre semoule
– 1 cuillère à soupe de rhum
– 1 cuillère à soupe de fruits confits ou d'amandes effilées

Monter en chantilly les 150 g de crème fraîche (2 cuillères à soupe de lait ou 1 glaçon et les 3 cuillères de sucre).

Bien laver les oranges à l'eau chaude, les sécher et les couper en tranches fines (sans les peler).

Les disposer autour d'un plat rond. Les arroser de rhum et les saupoudrer de sucre.

Mettre la chantilly au centre.

Disposer les morceaux de fruits confits ou les amandes effilées.

PATES

Pâte à crêpes

– 250 g de farine
– 1/2 litre de lait
– 2 œufs
– 1 cuillère d'huile
– 1 pincée de sel

Mettre la farine dans une terrine.

Y casser les œufs, ajouter l'huile, le sel et un peu de lait.

Travailler énergiquement la pâte et terminer le lait restant.

Laisser reposer 2 h.

Faire cuire normalement avec mon « truc » (voir page 238).

Les crêpes employées sucrées seront pafumées avec du rhum – eau de fleur d'oranger – kirsh – zeste de citron, etc.

Les crêpes salées seront garnies avec des sauces à base de fromage, fruits de mer ou viande, saupoudrées de gruyère râpé et passées au four chaud.

Pâte à beignets ou à frire

Facile

– 1 œuf
– 125 g de farine
– 15 g de levure de boulanger
– 1 cuillère d'huile
– 1/2 verre d'eau tiède
– 1 pincée de sel

Dans une terrine, mettre la farine.

Faire un puits, y déposer l'huile, la levure délayée dans 1/2 verre d'eau tiède, l'œuf, la pincée de sel.

Bien amalgamer le tout.

Laisser reposer 2 h.

Cette pâte peut être utilisée pour tous les fruits.

Vous pouvez supprimer la levure de boulanger, mais vous devez laisser reposer la pâte.

Gratin de Floraline

4 personnes

– 6 cuillères à soupe de Floraline
– 3/4 de litre de lait
– 2 œufs
– 2 cuillères de crème fraîche
– 50 g de gruyère râpé
– 30 g de beurre
– sel - poivre - noix de muscade

Faire bouillir le lait avec le sel et un soupçon de noix de muscade.

A ébullition, jeter en pluie les 6 cuillères à soupe de Floraline.

Remuer et laisser gonfler.

Reprendre la préparation, ajouter le gruyère râpé, les œufs entiers et les 2 cuillères à soupe de crème fraîche. Poivrer légèrement.

Répartir le tout dans un plat à gratin.

Parsemer de quelques noisettes de beurre.

Enfourner 30 mn à four moyen (th. 6 - 180°).

Beignets de pommes de terre

– 600 g de pommes de terre
– pâte à beignets (voir page 184)

Suivre les indications de la pâte à beignets.

Cuire 600 g de pommes de terre.

Les passer au moulin à légumes.

Incorporer cette purée à la pâte à beignets. Ajouter un peu de sel.

Former des boules à l'aide d'une cuillère à café et cuire à grande friture.

Cet original beignet accompagnera à merveille vos rôtis (filet de bœuf ou gigot d'agneau).

Quenelles de semoule

Bon plat complet

4 personnes
– 65 g de semoule fine
– 12 cuillères à soupe de lait
– 40 g de beurre
– 2 œufs
– 50 g de gruyère
– sel - poivre

Faire bouillir le lait, y mettre le beurre, puis jeter la semoule en pluie. Cuire 10 mn en remuant sans cesse.

Retirer la casserole du feu, ajouter le fromage râpé. Saler et poivrer.

Ajouter les œufs (un après l'autre).

Bien remuer et laisser refroidir.

Rouler les quenelles, les jeter dans l'eau bouillante salée.

Cuites, les quenelles remontent sur l'eau.

Les retirer et les laisser dans l'eau froide jusqu'à complet refroidissement.

Les réchauffer au moment de servir, soit avec une sauce béchamel, soit avec une sauce tomate un peu relevée.

Ne pas faire bouillir

Beignets de crevettes

– Voir la recette de la pâte à choux (supprimer le sucre)
– 250 g de crevettes cuites

Mélanger à la pâte à choux encore tiède les 250 g de crevettes cuites.
A la cuillère, façonner des petites boulettes et les jeter dans la friture.
Sortir sur du papier absorbant.
Une salade verte bien relevée peut accompagner ces beignets.
Les crevettes peuvent être mixées, ajoutées à la pâte.
Ces beignets « roses » servis à l'apéritif auront leur petit succès !

Farce à raviolis (viande)

– 150 g de veau
– 100 g de jambon cuit
– 1 poignée d'épinards
– 2 œufs
– sel - poivre (très peu)

Les 150 g de veau peuvent être prélevés sur un reste de ragoût de veau.

Faire cuire la poignée d'épinards.

Mixer veau, jambon et épinards.

Mélanger la préparation aux 2 œufs. Saler et poivrer.

Cette farce doit avoir un certain moelleux.

Prendre la pâte à raviolis, l'étendre le plus finement possible en un grand rectangle sur un plan de travail fariné.

Déposer dessus une rangée de petits tas de farce en les espaçant régulièrement.

Badigeonner un peu de jaune d'œuf entre les tas de farce et replier la pâte par-dessus.

Appuyer autour de la farce pour souder la pâte, puis découper les raviolis avec une roulette à pâtisserie.

Procéder ainsi jusqu'à épuisement de la pâte.

Laisser sécher 1 h puis faire cuire les raviolis à l'eau bouillante salée additionnée de 2 cuillères à soupe d'huile pendant 7 à 8 mn après reprise de l'ébullition.

Servir avec une sauce tomate bien aromatisée, ou simplement avec un bon jus de viande.

Pâte à raviolis

Facile

4 personnes

– 300 g de farine
– 3 œufs + 1 jaune (pour dorer)
– 1 cuillère à soupe d'huile d'olive
– sel

Dans le bol du robot mettre la farine, les 3 œufs, la cuillère d'huile d'olive et la pincée de sel.

Actionner l'apppareil afin de réduire le tout en pâte granuleuse.

Rajouter un peu de farine si la pâte vous semble trop collante.

Amalgamez-la en boule.

La mettre dans un film étirable et la laisser reposer 20 mn au réfrigérateur.

Spaghetti courts vite fait

– spaghetti courts
– 1 œuf
– 1 poignée de fromage râpé
– ail - persil
– huile - sel - poivre

Cuire les spaghetti en respectant le mode de cuisson indiqué sur l'emballage.

Dans une poêle, cuire dans un peu d'huile l'ail et le persil sans les faire griller.

Ajouter les pâtes bien égouttées.

Saler – poivrer.

Bien faire revenir le tout.

Prendre un bol.

Casser l'œuf, battre, un peu de sel.

Le mélanger avec une poignée de fromage râpé.

Jeter le tout sur les pâtes.

Remuer délicatement en continuant la cuisson 5 mn sur feu doux.

Gnocchi aux épinards

– 800 g de pommes de terre
– 500 g d'épinards
– 125 g de farine
– 2 jaunes d'œufs
– farine - huile

Faire cuire les pommes de terre et les épinards à l'eau salée.

Les pommes de terre seront réduites en purée, les épinards hachés finement.

Mélanger le tout à 125 g de farine et 2 jaunes d'œufs.

Façonner des petits rouleaux de 3 cm. Les passer dans la farine et les faire cuire à l'eau bouillante salée et huilée.

Égoutter les gnocchi lorsqu'ils remontent à la surface.

Jambon, sauce tomate et parmesan râpé compléteront ce plat économique.

Raviolis à la morue en brandade

– Voir recette de la pâte à raviolis (page 189)
– 300 g de morue en brandade

Procéder de la même manière que pour les raviolis à la viande.

La sauce tomate un peu relevée accompagnera très bien cette préparation.

Gratin de pâtes

4 personnes

– 400 g de pâtes au choix
– 1 saucisson de Morteau
– 1 tranche de jambon (150 g environ)
– 100 g de fromage râpé
– 1 petite boîte de champignons de Paris
– 1 dl 1/2 de lait
– 1/2 dl de crème fraîche
– noix de muscade
– sel - poivre
– 20 g de beurre
– un peu d'huile - chapelure

Cuire les pâtes dans beaucoup d'eau bouillante salée et additionnée d'un peu d'huile pour qu'elles ne collent pas.

Les rincer à l'eau froide dans une passoire et bien égoutter.

Oter la peau du saucisson, le couper en tranches très fines. Émincer la tranche de jambon.

Casser les œufs séparément dans un bol, les battre avec le lait et la crème fraîche. Saler, une pointe de noix de muscade râpée.

Beurrer un moule à gratin et garnir successivement de pâtes, de saucisson, de champignons, de jambon et de fromage râpé.

Napper avec le mélange lait - œufs - crème. Saupoudrer de chapelure. Disperser quelques noisettes de beurre.

Gratiner au four (préchauffé) pendant 25 mn (th. 7 - 210°).

Une bonne salade accompagnera fort bien ce plat consistant.

Pâtes à la carbonara

– 500 g de spaghetti
– 150 g de poitrine fumée maigre
– 3 gros œufs
– 100 g de parmesan (ou gruyère)
– beurre - huile d'olive
– 1 cuillère de crème fraîche
– sel - poivre

Faire revenir la poitrine fumée coupée en petits lardons dans un peu d'huile d'olive. En fin de cuisson, les dégraisser en les aspergeant de quelques gouttes de vin blanc.

Pendant la cuisson des spaghetti, prendre le plat où seront servies les pâtes et tourner les jaunes d'œufs, le parmesan, une noix de beurre, une cuillère d'huile d'olive, la crème fraîche. Poivrer et verser doucement dans la préparation une demi-louche d'eau de cuisson des pâtes. Bien tourner pour former une crème. La sauce doit être onctueuse.

Égoutter – après cuisson – les spaghetti et les verser petit à petit dans le plat en remuant immédiatement.

Ajouter les lardons croquants.

Bien tourner et, si c'est trop sec, ajouter encore un peu d'eau de cuisson ou de la crème fraîche.

Vérifier l'assaisonnement. Poivrer un peu plus.

Servir dans des assiettes chaudes.

SAUCES

Mayonnaise « régime »

– 1 cuillère à soupe de moutarde
– 2 cuillères de lait concentré (non sucré)
– 1 verre d'huile
– 1 jus de citron
– sel - poivre

Mettre dans le bol du batteur la moutarde et le lait concentré. Bien mélanger.

Ajouter l'huile en filet petit à petit.

Terminer par le jus de citron. Saler et poivrer.

Pour une plus grande quantité, doubler les proportions.

Cette mayonnaise peut-être conservée quelques jours.

La tapenade

– 100 g de filets d'anchois
– 100 g de thon au naturel
– 100 g de câpres
– 250 g d'olives noires dénoyautées
– 1 branche de thym
– 1 feuille de laurier
– 2 gousses d'ail
– 4 cuillères à soupe d'huile d'olive
– 1 cuillère de vinaigre de vin
– poivre

Se servir d'un robot.

Dans le bol de celui-ci, mettre tous les ingrédients sauf le thym et le laurier.

Mixer et ajouter à petite vitesse les 4 cuillères d'huile d'olive.

Récupérer la préparation et la mettre dans un récipient en terre. (Si vous n'en possédez pas, un verre saura remplacer le précédent.)

Ajouter le thym et la feuille de laurier.

La tapenade étalée sur du pain grillé satisfera votre palais.

Sauce aux échalotes

– 8 échalotes
– 1 verre d'huile (arachide ou tournesol)
– 1 petite cuillère de gros sel

Peler les échalotes et les mixer finement.

Dans une petite casserole, faire chauffer le verre d'huile (elle doit être très chaude, éviter qu'elle fume).

Jeter l'huile sur le mélange échalotes – gros sel.

Prudence, ça bouillonne ! Le gros sel fond au contact de l'échalote.

Vous pourrez servir cette sauce originale avec des grillades, du pot-au-feu, du magret.

Sabayon aux herbes

– 1 à 2 cuillères à soupe de fines herbes hachées
– 2 œufs
– 4 cuillères à soupe de liquide
– sel - poivre

Avec les 4 cuillères à soupe de liquide (bouillon ou autre) mettre les 2 jaunes d'œufs dans une casserole.

Placer au bain-marie et fouetter jusqu'à l'obtention d'un ruban.

Laisser refroidir, fouetter la crème et l'incorporer au sabayon.

Cette sauce nappera un gratin de légumes.

Sauce à l'ail

– 4 gousses d'ail
– 200 g de crème fraîche
– 2 œufs
– 20 g de beurre
– 6 cuillères à soupe de bouillon
– sel - poivre

Mixer les 4 gousses d'ail (épluchées).

Prendre une casserole, faire fondre les 20 g de beurre et faire revenir l'ail à feu doux, quelques secondes seulement.

Ajouter 6 cuillères à soupe de bouillon.

A ébullition, ajouter les 200 g de crème fraîche.

Faire réduire à feu vif pendant 1 mn.

Retirer du feu et couvrir.

Au moment de servir, mettre les 2 jaunes d'œufs dans la crème à l'ail – tout juste chaude – pour lier la sauce.

Vous napperez aussi la viande du pot-au-feu.

Des filets de morue au court-bouillon, etc.

Sauce à steack

Facile

– 2 échalotes
– 3 cuillères de vin rouge
– sel - poivre
– noix de beurre

Hacher finement les 2 échalotes.

Mettre un peu d'huile dans la poêle et faire revenir les 2 échalotes.

Ajouter les 3 cuillères à soupe de vin rouge. Saler et poivrer.

Laisser cuire 5 bonnes minutes à feu vif. Incorporer la noix de beurre.

Servir avec le steack.

Cette sauce peut être faite à l'avance. La réchauffer au moment de servir le steack.

Sauce béchamel

– 50 g de beurre
– 2 cuillères à soupe de farine
– 4 dl de lait
– sel - poivre

Faire fondre les 50 g de beurre dans une casserole.

Ajouter les 2 cuillères à soupe de farine en les incorporant au beurre.

Diluer le tout avec les 4 dl de lait tiède. Saler et poivrer.

Laisser cuire 10 mn tout doucement et en remuant.

Si vous désirez une sauce béchamel fluide, détendre avec du lait.

Sauce maigre au fromage

– Fromage blanc ou yaourt
– 1 cuillère de moutarde
– fines herbes
– câpres
– sel - poivre

Mélanger 4 cuillères à soupe de fromage blanc maigre (ou 1 yaourt), 1 cuillère à soupe de moutarde, sel, poivre, fines herbes et câpres à volonté.

Anchoïade

– 10 filets d'anchois
– 10 olives vertes dénoyautées
– 1 gousse d'ail
– 1 cuillère à café de vinaigre
– 2 cuillères à soupe d'huile d'olive
– 1 pincée de poivre
– 6 tartines de pain grillées

Piler les anchois, les olives, la gousse d'ail dans un mortier.

Mélanger avec la vinaigrette (huile, vinaigre et poivre).

Faire chauffer à la poêle brûlante, ne pas laisser fumer l'anchoïade et étaler sur des tartines de pain grillées.

Sauce aux anchois

– 7 filets d'anchoïs à l'huile
– 2 gousses d'ail épluchées
– 1 cuillère à café de vinaigre
– 3 cuillères à soupe d'huile d'olive
– 1 cuillère de moutarde
– poivre - très peu de sel

Mixer les filets d'anchois et les 2 gousses d'ail.

Ajouter la cuillère à soupe de moutarde, la cuillère à café de vinaigre, le poivre et une pincée de sel.

Incorporer petit à petit les 3 cuillères à soupe d'huile d'olive.

Sauce Yvetot

– 2 œufs
– 2 cuillères à café de moutarde forte
– 1 cuillère à café de vinaigre
– 1 oignon
– 1 gousse d'ail
– 2 brins de persil
– 50 g de câpres au vinaigre
– 50 g de cornichons
– sel - poivre

Faire durcir 2 œufs pendant 10 mn à l'eau bouillante.

Rafraîchir, écaler et hacher les œufs, l'oignon, l'ail, le persil, les cornichons et les câpres.

Mettre le tout dans une saucière.

Ajouter les 2 cuillères à café de moutarde, la cuillère à café de vinaigre, sel et poivre du moulin.

Verser l'huile en filet et mélanger avec une cuillère en bois ou un fouet à main.

Cette sauce accompagnera toutes les crudités ou des beignets à base de fruits de mer.

Sauce Johana

– 1 oignon
– 1 gousse d'ail
– 1 citron
– 1 verre d'huile
– 1 pincée de piment
– sel - poivre

Prendre une saucière.

Mettre l'oignon et l'ail coupés en petits morceaux, le jus de citron recueilli, la pincée de piment, sel, poivre et verre d'huile.

Bien mélanger le tout.

Cette sauce accompagnera tous les poissons (bouillis ou frits) et le rôti de porc froid.

Sauce au vin rouge

– 2 tablettes de bouillon de bœuf
– 1/2 litre d'eau bouillante
– 1 verre de vin rouge
– 3 échalotes
– 2 cuillères à soupe de farine
– poivre

Faire dissoudre 2 tablettes de bouillon de bœuf dans 1/2 litre d'eau bouillante.

Verser 1 verre de vin rouge dans une casserole avec 3 échalotes hachées.

Laisser cuire jusqu'à ce qu'il ne reste que 2 cuillères à soupe de liquide.

Dans une autre casserole, faire fondre un morceau de beurre.

Ajouter 2 cuillères à soupe de farine en remuant, et en une seule fois le bouillon et le reste de vin rouge.

Remuer. Poivrer.

Porter à ébullition et laisser cuire doucement 10 mn.

Cette sauce accompagnera : entrecôtes - steacks - rôti de bœuf - côtes de bœuf - œufs durs.

Sauce mie de pain

– Mie de pain rassie
– un œuf
– une cuillère à soupe de moutarde
– une cuillère à café de vinaigre
– noix muscade
– persil - sel - poivre
– beurre

Prendre de la mie de pain rassie ; la râper. (Il en faut une grosse poignée.)

Faire cuire un œuf dur. Le hacher avec le persil.

Prendre un bol, y mettre la mie de pain, l'œuf et le persil hachés.

Ajouter une grande cuillère à soupe de moutarde, du poivre, du sel, une cuillère à café de vinaigre de vin, un peu de noix de muscade râpée. Mélanger.

Laisser macérer le plus longtemps possible.

Prendre une casserole, faire fondre un gros morceau de beurre (sans qu'il noircisse) sur feu doux.

Ajouter peu à peu le mélange qui se trouve dans le bol sans cesser de tourner avec la cuillère en bois. Vous devrez obtenir une sauce très épaisse et bien relevée que vous servirez bien chaude avec les pieds de porc ou autres abats.

Sauce tomate

– 500 g de tomates bien mûres
– 3 cuillères d'huile d'olive
– 30 g de farine
– 1 bouquet garni
– 1 verre d'eau
– sel et poivre
– 1 pincée de sucre en poudre
– ail - persil
– 1 cuillère à soupe de concentré de tomates

Faire un roux blond avec les 3 cuillères d'huile d'olive, la farine et la persillade.

Mouiller avec le verre d'eau.

Ajouter les tomates coupées en quatre, le bouquet garni, le sel, le poivre et le sucre.

Couvrir et cuire à feu doux 1 h environ, en remuant de temps à autre.

La cuillère à soupe de concentré de tomates vous donnera la belle couleur de la sauce.

Passer au tamis ou mieux mixer.

Les roux

– 30 g de beurre
– 30 g de farine
– sel - poivre
– 2 verres de liquide (eau, bouillon, vin)

Même procédé que pour les roux blancs, blonds, bruns.

Les nuances sont obtenues d'après une cuisson plus ou moins longue du mélange beurre et farine avant le mouillage.

Mettre dans la casserole chaude le beurre et la farine. Tourner continuellement. Le beurre fond et se mélange sans grumeaux à la farine.

Pour obtenir un roux blanc, mouiller dès que le beurre est fondu.

Pour le roux blond, laisser prendre couleur (caramel) au mélange, puis mouiller.

Pour le roux brun, pousser la coloration au brun sombre.

Mouiller en plusieurs fois tout en tournant continuellement.

Saler et poivrer.

Pour ce dernier roux, ajouter 1 ail piqué d'un clou de girofle, 1 feuille de laurier s'il est employé pour une sauce au poisson.

Sauce Mornay

– 2 verres de sauce béchamel
– 100 g de fromage râpé
– 50 g de beurre

Faire bouillir la sauce béchamel pendant une minute.

Ajouter le fromage.

Remuer sur le feu tant que le fromage n'est pas bien fondu.

Retirer du feu et ajouter le beurre divisé en petits morceaux.

Bien battre à la fourchette ou au fouet.

Sauce piquante

– 30 g de beurre
– 25 g de farine
– 1/2 litre de bouillon
– 50 g d'oignons
– 50 g d'échalotes
– 1/2 verre de vin blanc
– 5 cuillères à soupe de vinaigre
– 60 g de cornichons
– 40 g de câpres
– sel - poivre - persil

Faire un roux avec beurre et farine, mouiller de bouillon et cuire une vingtaine de minutes en remuant.

Hacher oignons et échalotes. Les faire cuire à feu doux avec vin blanc et vinaigre jusqu'à ce que le liquide soit réduit de moitié.

Ajouter cette réduction à la sauce. Cuire encore une dizaine de minutes.

Au dernier moment, ajouter cornichons hachés et câpres.

Saupoudrer de persil.

Cette sauce accompagnera les viandes bouillies : bœuf, langue, pieds de porc, côtes grillées.

Sauce bolognaise

– 100 g de jambon ou reste de viande
– 1/2 litre de bouillon additionnée de viandox
– 30 g de beurre
– 25 g de farine
– 1 petite boîte de concentré de tomates
– 1 carotte
– 1 oignon
– 80 g de champignons
– sel - poivre - persil

Hacher finement oignon et carotte. Les faire revenir dans le beurre.

Saupoudrer de farine et remuer jusqu'à léger brunissement.

Mouiller avec le bouillon.

Ajouter la sauce tomate, sel et poivre.

Cuire une vingtaine de minutes à découvert, en remuant.

Pendant ce temps, nettoyer les champignons, les couper finement ainsi que le jambon.

Ajouter ce hachis dans la sauce et cuire encore une dizaine de minutes. Saupoudrer de persil.

Cette sauce spécialement utilisée pour les pâtes, peut l'être également pour les légumes cuits vapeur : fonds d'artichauts, céleri, etc.

CONFITURES

Confiture de noix de coco

– 1 noix de coco
– sucre
– zeste de citron vert
– 1 bâton de vanille
– 1 morceau de cannelle
– 1 verre d'eau

Casser la noix de coco.

Prélever le fruit, le râper finement (récupérer le lait). Peser.

Dans une casserole, verser le verre d'eau et la noix de coco râpée.

Faire cuire 20 mn à feu moyen en remuant.

Ajouter alors le sucre, le zeste de citron vert, la vanille et le morceau de cannelle.

Poursuivre la cuisson jusqu'à l'obtention d'une couleur dorée.

Si la confiture vous paraît un peu épaisse, diluer avec un peu d'eau, sans cesser de remuer.

La quantité de confiture sera moindre, mais la qualité n'en sera que meilleure. Vous ferez d'excellentes tartes.

Confiture de poires aux épices

– 1 kg de poires
– 500 g de sucre
– jus de citron
– 4 ou 5 clous de girofle
– 1 gousse de vanille

Éplucher les poires, les couper en morceaux et les mettres à macérer toute une nuit avec le sucre et les 2 cuillères à soupe de jus de citron.

Le lendemain, égoutter les fruits et faire cuire le jus 10 mn.

Ajouter les morceaux de fruits, les clous de girofle et la gousse de vanille fendue.

Faire cuire 40 mn à feu doux.

Mettre en pots et couvrir.

Ne pas oublier de retirer les clous de girofle.

Tomates à la pomme

– 3 kg de tomates
– 1 kg de pommes
– 2,5 kg de sucre cristallisé
– 1 gousse de vanille
– 1 zeste de citron
– 1 verre à bordeaux de rhum

Blanchir les tomates sans les peler.

Les mettre dans la bassine, coupées en morceaux, avec les pommes pelées coupées en demi-quartiers.

Ajouter le sucre, la gousse de vanille fendue et le zeste de citron en ruban.

Laisser cuire à feu doux 1 h.

En fin de cuisson, ajouter le rhum, remuer et mettre en pot.

Melon d'Espagne à la menthe

– 2 melons d'Espagne
– 2/3 de leur poids en sucre
– 1 dl d'eau
– 1 jus de citron
– 20 brins de menthe

Peler et épépiner les melons, couper la chair en dés, la peser.

Mettre dans une bassine les 2/3 de son poids en sucre et l'eau.

Amener lentement à ébullition en remuant pour faire fondre le sucre. Ajouter alors le melon, le jus de citron et la menthe ficelée en bouquet.

Laisser cuire 1 h.

Retirer le bouquet de menthe.

Mettre en pots.

Liqueur du pauvre

– 1/4 de litre d'eau-de-vie
– 1 verre de sucre

Cette liqueur se commence dès les premiers fruits du printemps et se continue au fur et à mesure des saisons.

Prendre un bocal en verre assez grand. Y verser 1/4 de litre d'eau-de-vie et 1 verre de sucre.

Les cerises seront les premiers fruits (environ 2 poignées). Ne pas dénoyauter, couper un peu la queue.

Viendront : les fraises, les abricots (partagés en deux), les pêches (coupées en tranches), les poires, les prunes, les framboises et, en fin de saison, vous finirez par les grains de raisins blancs.

Couvrir les fruits toujours dans les mêmes proportions : 1/4 de litre d'eau-de-vie – 1 verre de sucre.

Au gré de votre fantaisie, d'autres fruits peuvent être incorporés.

Confiture du mendiant

– 2 kg de figues fraîches
– 150 g de raisins secs (gonflés dans un peu de rhum)
– 50 g d'amandes mondées
– 2 kg de sucre
– 1 noix de beurre
– 1 verre d'eau

Peler les figues, les couper en deux, les mettre dans la bassine à confiture et les écraser légèrement. Faire mijoter 10 mn à couvert.

Ajouter les raisins secs, les amandes mondées, le verre d'eau, les 2 kg de sucre, la noix de beurre.

Faire cuire à feu moyen 45 mn.

Mettre en pots.

Pruneaux à l'armagnac

– 400 g de pruneaux
– 2 verres d'armagnac
– 21 morceaux de sucre
– vin blanc doux

Prendre un bocal en verre.

Mettre les 400 g de pruneaux, les 2 verres d'armagnac, les 21 morceaux de sucre et recouvrir le tout de vin blanc doux.

Laisser macérer 1 mois avant de consommer.

Liqueur de cerises

- 1 kg de cerises
- 1 l d'eau-de-vie blanche
- 1 kg de sucre

Essuyer les cerises, les équeuter et les dénoyauter.

Conserver les noyaux et les concasser.

Mettre les fruits dans un bocal et les noyaux dans un pot à confiture.

Recouvrir d'eau-de-vie les uns et les autres.

Boucher soigneusement et laisser séjourner – 15 jours au moins – derrière une fenêtre en plein soleil.

Passer les liquides obtenus et les mélanger.

Faire un sirop avec 1 kg de sucre et 1 verre d'eau.

Dès refroidissement, mélanger le sirop et l'alcool.

Mettre en bouteilles fermées et conserver à l'abri de la lumière.

Vous avez obtenu un « guignolet ».

Si vous le préférez moins doux – à usage d'apéritif – vous le ferez sec en diminuant de moitié le sucre et l'eau = 500 g de sucre et 1/2 verre d'eau.

Confiture de pommes de terre

– 500 g de pommes de terre
– 250 g d'oranges
– 250 g de mandarines
– 1 jus de citron
– sucre
– 1 bâton de vanille

Éplucher les pommes de terre et les couper en petits dés.

Les mettre dans un saladier, les arroser d'un jus de citron, et les saupoudrer abondamment de sucre.

Laisser toute une nuit.

Le lendemain, prendre une poêle, y déposer un bon morceau de beurre et faire revenir les dés de pommes de terre.

Peler les oranges, les mandarines, les couper en quartiers et les joindre aux pommes de terre.

Peser le tout ; ajouter le même poids de sucre et le bâton de vanille.

Laisser macérer toute la nuit.

Faire cuire dans une bassine à confiture ou autre casserole pendant 40 mn à petit feu. Mettre en pots.

Cette confiture – très ancienne – ne sera pas facile à deviner.

Confiture fraises - ananas

- 1,5 kg de fraises
- 1 jus de citron
- 350 g d'ananas
- 1,5 kg de sucre

Laver et équeuter les fraises.

Les mettre dans la bassine à confiture.

Éplucher l'ananas et le couper en petits morceaux (350 g).

Le mélanger aux fraises.

Presser le citron, ajouter le jus et 1,5 kg de sucre.

Laisser macérer toute une nuit.

Le lendemain, porter à ébullition (lentement) en remuant de temps en temps.

Laisser bouillir 20 mn.

L'écume qui se sera formée sera enlevée avant la mise en pots.

Avec l'écumoire, verser les fruits dans les pots, puis continuer la cuisson du jus pendant 20 mn. Finir de remplir les pots avec le jus. Couvrir à chaud ou à froid.

Confiture pêches - vanille

– 1,750 kg de pêches
– 750 g de sucre
– 2 bâtons de vanille

Peler les pêches, les dénoyauter puis couper la pulpe en morceaux dans une bassine à confiture.

Ajouter le sucre ainsi que les gousses de vanille préalablement fendues.

Porter à ébullition.

Écumer au fur et à mesure de la formation de l'écume.

Remuer de temps en temps pendant la cuisson – 20 mn environ.

Avec l'écumoire, verser les fruits au fond des pots puis continuer la cuisson du jus pendant 5 à 10 mn jusqu'à l'obtention de la couleur caramel.

Finir de remplir les pots avec ce jus.

Couvrir à chaud ou à froid.

Confiture prunes - oranges

– 2 kg de prunes
– 4 oranges
– 1 kg de sucre

Laver les prunes puis les dénoyauter.

Peler les oranges à vif – c'est-à-dire retirer toute la peau blanche après les avoir râpées.

Dans une bassine à confiture, mettre les prunes dénoyautées ainsi que la pulpe des oranges, y verser le sucre semoule et les zestes râpés.

Laisser bouillir pendant 30 mn, en remuant de temps en temps afin que la confiture n'attache pas.

Écumer en dernier lieu l'écume formée.

Avec l'écumoire, retirer les fruits en en remplissant le fond des pots, puis continuer l'ébullition du jus pendant 1/4 d'heure environ ; le répartir dans les pots.

Fermer à chaud ou à froid.

Confiture de lait

– 4 litres de lait
– 2 kg de sucre
– 4 gousses de vanille

Dans une casserole à fond épais, verser le lait, le sucre et les gousses de vanille.

Porter doucement à ébullition en remuant fréquemment à la spatule.

Quand le mélange bout, réduire le feu au maximum pour qu'il frémisse à peine.

Laisser cuire environ 2 h en remuant souvent après la première heure.

Dès que le mélange commence à filer sur l'écumoire, arrêter la cuisson.

La confiture doit avoir la couleur caramel clair.

Verser dans des pots à confiture et boucher immédiatement.

Cette confiture peu commune ne se conserve pas plus de trois mois.

Confiture de tomates rouges à la vanille

– 2 kg de tomates rouges
– 1,5 kg de sucre
– 1 gousse de vanille

Laver et essuyer les tomates, les couper en morceaux et les passer à la moulinette pour éliminer graines et peaux.

Ajouter le sucre à la pulpe obtenue dans une bassine à confiture. La vanille fendue en deux.

Porter lentement à ébullition.

Laisser cuire doucement pendant 2 h en remuant de temps en temps.

Vérifier la consistance.

Retirer la vanille et mettre en pots.

Confiture cerises pamplemousses

– 1,5 kg de cerises
– 3 pamplemousses
– 2 kg de sucre environ

Dénoyauter les cerises.

Couper les pamplemousses en deux, puis à l'aide d'une cuillère en extraire la pulpe.

Mélanger les cerises dénoyautées et la pulpe de pamplemousse. Les peser puis les mettre dans une terrine et verser dessus les 9/10e de leur poids en sucre semoule.

Mettre à macérer dans un endroit frais pendant six heures environ.

A écoulement du temps, verser le tout dans une grand passoire au-dessus d'une bassine à confiture pour récupérer le jus des fruits.

Porter le jus à ébullition (dans la bassine).

Laisser bouillir 20 mn. Ajouter alors les fruits, faire reprendre l'ébullition, écumer, laisser cuire en remuant de temps en temps jusqu'à la prise de la confiture. 15 mn environ.

Mettre en pots et couvrir à chaud ou à froid.

Confiture de bananes

– 1 kg de bananes
– 4 jus d'oranges
– 700 g de sucre
– 4 jus de citron

Couper les bananes en rondelles.

Ajouter les jus de fruits, le sucre.

Faire bouillir doucement en mélangeant de temps en temps pour ne pas que le mélange attache.

Laisser cuire jusqu'à ce qu'il épaississe et devienne d'une belle couleur rouge.

Mettre en pots ébouillantés.

Couvrir.

MES « PETITS TRUCS »

Pour réussir vos blancs d'œufs en neige, sortez les œufs du réfrigérateur avant de les utiliser pour qu'ils soient à la température de la pièce, et ajoutez-y une toute petite pincée de sel (ils monteront plus vite) ou quelques gouttes de citron.

Pour récupérer une crème anglaise qui a (mal) tourné, versez-la dans une bouteille dont vous boucherez le goulot avec le pouce, et agitez pendant 3 à 4 mn.

Pour empêcher les haricots secs de provoquer des désordres intestinaux, faites-les cuire en deux temps. Jetez la première eau de cuisson dès la première ébullition et versez les haricots dans une seconde casserole d'eau bouillante avec quelques cuillères d'huile.

Pour que les rognons ne sèchent pas en cours de cuisson, salez-les et poivrez-les avant de les faire revenir à la poêle, et ne les flambez pas.

Les lentilles cuiront plus vite si vous les faites tremper dans l'eau bouillante. Cuisez-les ensuite normalement à l'eau bouillante au départ dans un court-bouillon aromatisé.

Les légumes secs seront moins attaqués par les insectes si vous versez dans leur contenant (sac ou bocal) 3 cuillères à café de sel fin.

Ne versez pas dans l'évier l'eau de cuisson de vos légumes, verts ou secs, ni de vos pâtes : bourrée d'éléments nutritifs, elle est la base de délicieux potages.

Une noix de beurre ajoutée à la compote de fruits la rendra plus fine.

Conservez l'eau où ont cuit les épinards, elle fera briller votre argenterie.

L'eau réservée des haricots secs vous aidera à enlever le cambouis.

Pour épaissir la sauce tomate, émietter de la mie de pain fraîche, elle remplacera la farine. (Mixer pour obtenir une sauce fine.)

Vous ne trouverez plus les miettes de thym – ou autres aromates – dans vos sauces si vous mettez le tout dans un gousset réservé à cet effet. Cela n'enlèvera en rien la saveur de vos sauces.

Les œufs « mimosa » seront améliorés si vous mettez un peu de pâté de volaille au fond de l'œuf, et la mayonnaise par-dessus.

Crêpes : plus de salissures autour de la cuisinière si vous mettez votre pâte à crêpes dans une bouteille en plastique. Plus besoin de louche, une simple goulée jetée dans la poêle et d'un simple coup de main vous étendez la pâte.

Une crème de gruyère améliorera vos potages de légumes (1 par personne).

Un oignon légèrement roussi donnera un bon goût à la purée de pommes de terre.

Une courgette cuite, bien écrasée, rendra votre mayonnaise plus savoureuse.

Un filet de vinaigre :
- sur un œuf frit à la poêle,
- en fin de cuisson de saucisses de viande,
- sur des haricots verts poêlés.

Pour les champignons au vinaigre, utiliser la même recette que les carottes à la grecque.

INDEX

DESSERTS

Achevé d'imprimer sur les
Presses de l'Imprimerie Christian LACOUR
à Nîmes (Gard)

en juin 1993
Dépôt légal du 2e trimestre 1993